ENTRE VISTA
COM A
SOLIDÃO

MARCOS LACERDA

PSICÓLOGO E YOUTUBER DO CANAL **NÓS DA QUESTÃO**

ENTRE VISTA COM A SOLIDÃO

COMO DESENVOLVER CAMINHOS
PARA A **CONEXÃO HUMANA**

Entrevista com a solidão
© 2024 Marcos Lacerda
Todos os direitos reservados.
© 2024 VR Editora S.A.

Latitude é o selo de aperfeiçoamento pessoal da VR Editora

GERENTE EDITORIAL Tamires von Atzingen
EDITORA Silvia Tocci Masini
ASSISTENTE EDITORIAL Michelle Oshiro
PREPARAÇÃO Lígia Alves
REVISÃO Paula Queiroz e Érika Tamashiro
DESIGN DE CAPA Rafael Brum
PROJETO GRÁFICO DE MIOLO E DIAGRAMAÇÃO Pamella Destefi
PRODUÇÃO GRÁFICA Alexandre Magno

Dados Internacionais de Catalogação na Publicação (CIP)
(Câmara Brasileira do Livro, SP, Brasil)

Lacerda, Marcos
Entrevista com a solidão: Como desenvolver caminhos para a conexão humana / Marcos Lacerda. – Cotia, SP: Latitude, 2024.

ISBN 978-65-89275-62-6

1. Abandono afetivo 2. Amor (Psicologia) 3. Desenvolvimento pessoal 4. Psicologia 5. Saúde emocional 6. Solidão I. Título.

24-212591   CDD-150

Índices para catálogo sistemático:
1. Psicologia   150
Eliane de Freitas Leite – Bibliotecária – CRB 8/8415

Todos os direitos desta edição reservados à
VR Editora S.A.
Via das Magnólias, 327 – Sala 01 | Jardim Colibri
CEP 06713-270 | Cotia | SP
Tel.: (+55 11) 4702-9148
vreditoras.com.br | editoras@vreditoras.com.br

Para Fábio Belo,
Com quem aprendi a conversar com
as sombras, e a encontrar palavras
onde antes só havia silêncio.

INTRODUÇÃO: A VISITA 9

01. O NASCIMENTO DA SOLIDÃO 21
    A busca do todo perdido 26
    Exercício: Aceitando a solidão 30
    A irmã da Solidão 32
    Solidão e Solitude: Dualidades essenciais
    para o equilíbrio humano 34
    Solidão, o espelho da condição humana 35
    Solitude, o santuário do ser 37
    A Solitude e o renascer de Lívia 41
    Exercício: Da solidão à solitude 44
    É hora de falarmos no plural 47

02. A SOLIDÃO VIRTUAL 51
    Exercício: Identificando sua solidão artificial 62
    Nem tudo é o que parece 65
    A queda para dentro 67
    Exercício: Tirando a armadura 72
    Solidão ou revolta? 77

03. E SE VOCÊ ENVELHECER SÓ? 83
    Entre espinhos e abraços: O legado das amizades
    que desafiam o tempo 89
    Exercício: O jardim das amizades 94
    Antes da velhice, uma vida 100
    Responsabilize-se por quem você é, não pela fantasia
    dos outros 107

SUMÁRIO

04. A SOLIDÃO DOS ANESTESIADOS 119
    Pare, reflita e escolha 129
    Opressão, desigualdade e hostilidade 134
    Pobreza, riqueza e solidão 138
    Exercício: Com ou sem dinheiro, é hora de
    se blindar contra a solidão 145

**05. A SOLIDÃO DO REORGANIZADOR DOS MOMENTOS
    CONFUSOS** 151
    Uma moeda de troca que só compra solidão 160
    Vivendo um conto de fadas às avessas 166
    Não troque de turno, deixe o posto 170
    Salvo dos outros e de nós mesmos 174

**CONCLUSÃO: NÃO DEIXE A SOLIDÃO DOMINAR
VOCÊ PELO MEDO** 179
    Por que tememos tanto a Solidão? 183
    Viver bem em solitude 186
    Exercício: Desenvolvendo a solitude 189
    Fuja da Solidão partilhando a existência 192

REFERÊNCIAS 195

INTRODUÇÃO

A VISITA

CONTA PARA MIM... O QUE VOCÊ ESTÁ SENTINDO NESTE MOMENTO?

Para essa pergunta, com certeza cabe uma infinidade de respostas. Pois foi exatamente esse questionamento que lancei para os meus seguidores em um domingo. Já era noite, então imaginei que muitos estariam sentindo aquela aflição clássica que dá em muitas pessoas quando, com a TV ligada, os apresentadores dos programas dominicais nos fazem perceber que a segunda-feira, o primeiro dia útil da semana, começa dali a algumas horas.

Angústias comuns à parte, eu ainda morava em João Pessoa quando, em uma noite, decidi abrir uma caixa de perguntas em uma das minhas redes sociais em que escrevi exatamente a primeira pergunta que fiz no início desta apresentação: "Conta para mim o que você está sentindo neste momento".

Sempre que faço algo assim é uma festa, porque a adesão dos meus seguidores é muito rápida e maciça. Normalmente aparecem respostas inusitadas, uma melhor que a outra, e eu sei que interagir nesse tipo de dinâmica estreita nossos laços e é uma forma muito interessante e divertida de aprendermos mais, eles e eu, sobre os afetos humanos.

Como esperado, vi minha página ser inundada por centenas de respostas. Entretanto, dessa vez algo me surpreendeu. Noventa e cinco por cento das pessoas responderam a mesma coisa. As frases variavam, óbvio, mas eram coisas como "estou sentindo solidão"; "me sinto só"; "estou sozinho aqui"; "tem gente em casa, mas é como se não tivesse"; "estou solitária e sem perspectivas".

O que eu poderia responder a tantas pessoas que estavam se sentindo solitárias? Mesmo mantendo a certeza de que não existe uma fórmula mágica para resolver a situação de todo mundo, e com a consciência de que não havia a resposta perfeita para que eu pudesse gravar um vídeo sobre aquilo, transformei minha impotência em ação: abri uma live surpresa e comecei a chamar aleatoriamente seguidores para conversar alguns minutos comigo.

Em instantes a live bombou! Fiquei feliz em saber que estava conseguindo criar uma "corrente" virtual e que esse bate-papo talvez pudesse amenizar o que todos ali estavam dizendo ser incômodo naquele momento. Acho que, no mínimo, a nossa interação fez as pessoas esquecerem aquela distribuição de melancolia, que, para minha surpresa, nada tinha a ver com a chegada da segunda-feira que se anunciava. Penso que muitas pessoas começaram a semana melhor e mais motivadas. Inclusive eu.

O tempo passou e a vida me trouxe para morar em São Paulo. Hoje, enquanto escrevo para você, leitor, coincidentemente é outro domingo e... estou sozinho. Nem mesmo meu fiel companheiro Carrasco, um lindo beagle que não sai dos meus calcanhares, está em casa. Todos viemos viver em São Paulo, e ele, que não recusa passeio, foi dar uma volta. No silêncio do meu apartamento, enquanto observo a imensidão da cidade além da janela do meu escritório e escuto os ecos da noite lá fora, esse episódio da live me volta à mente e sou levado a refletir sobre um fenômeno humano tão comum, mas igualmente misterioso: a solidão.

Como psicólogo, tenho passado inúmeras horas ao lado de indivíduos que carregam o peso da solidão em seus corações, algo que muitas vezes parece envolvê-los de maneira implacável e dolorosa.

Mas me entenda, leitor. Solidão não é o que estou vivendo neste momento em que todos saíram de casa e eu fiquei para conversar com você. Também não é fazer uma selfie tendo como únicas companhias as orquídeas e uma fatia de pizza. Não, bem longe disso! Entenda a solidão como um movimento involuntário da alma, um sentimento que aparece sem a gente querer, a sensação avassaladora de estar apartado da sociedade, como se não pertencêssemos a lugar algum nem importássemos para ninguém.

É uma experiência que todos nós, em algum momento, quando menos esperamos, enfrentamos. Ela pode se manifestar de formas variadas. No vazio silencioso das horas em que nos sentimos ocos em nós mesmos. Na risada que acabamos dando, e que só nós mesmos estamos ouvindo. Na sensação de estarmos perdidos, mesmo em lugares familiares. E até na agonia palpável que observamos quando nos vemos desconectados dos outros, mesmo em meio a uma multidão.

Mas deixa eu te contar uma coisa: na verdade, a solidão é bem mais que uma questão individual. Ela vem se tornando um problema social mundial. Seus efeitos sobre a saúde mental e física levaram, em diversos países, a iniciativas para combater esse problema. Tanto que, em janeiro de 2018, o Reino Unido criou o Ministério da Solidão, comandado por Tracey Crouch. A criação desse ministério foi uma resposta a um relatório que mostrou que milhões de britânicos viviam em isolamento e enfrentavam o risco de viver, até seus últimos anos, uma vida solitária. Nessa mesma linha, em fevereiro de 2021, o Japão nomeou Tetsushi Sakamoto ministro, e à sua pasta incumbe combater as taxas crescentes de suicídio e a solidão no país, identificada como um problema a ser considerado prioridade nacional.

Essas ações mostram que nenhuma pessoa ou sociedade consegue fugir da solidão, essa companheira indesejada que de vez em quando cruza nosso caminho. Só não a confunda com solitude, que vive em contraposição à solidão e que, pelo caráter positivo, é essencial para nós.

A solitude é um isolamento voluntário, um mergulho consciente em nosso próprio "eu" quando buscamos um diálogo profundo com nós mesmos. Abraçar a solitude de vez em quando é abrir em si um espaço de reflexão, uma oportunidade para nos conhecermos melhor, para nos reconciliarmos com nossos pensamentos e emoções mais íntimos. É se permitir viver momentos de autodescoberta e autocompreensão.

Na trajetória da humanidade, a busca pela solitude tem raízes fundas na filosofia, na espiritualidade e na história dos povos. Desde os tempos medievais a tradição cristã nos ensinou a cultivar momentos de solitude, nos quais buscamos o diálogo interior para alcançar um encontro com o divino que nos habita e nos tornarmos criaturas mais ricas e melhores. Abastecidos pela solitude, encontramos repertório para nossas trocas com quem amamos e para convivermos com os amigos, com quem compartilhamos o que aprendemos nesses momentos de mergulho interior. A alternância entre isolamento voluntário e convívio social é o que nos permite ter equilíbrio nessa dança delicada mediada pelo autoexame e pela conexão com os outros.

No entanto, mesmo quando nos isolamos voluntariamente a solidão pode se fazer presente, lembrando-nos de nossa natureza profundamente social. Afinal, nascemos como sujeitos que precisam estabelecer relação com o outro. O "eu" só faz sentido e tem significado no mundo quando existe um "tu", ou seja, o outro.

Voltei a olhar pela janela e contemplei a vastidão de São Paulo, com luzes cintilantes e rios de veículos correndo por suas artérias urbanas. O horizonte me pareceu se estender infinitamente, e, depois de algum tempo, cada ponto de luz que brilhava diante de mim começou a representar uma alma, um coração, uma vida. No ritmo frenético da metrópole, eu sabia que a solidão era a companheira constante de muitos.

Ainda sem tirar os olhos das torres de concreto e vidro, comecei a pensar nas histórias incontáveis de pessoas que, embora estivessem cercadas por milhares de outras, sentiam-se desesperadamente sozinhas. Pensei no isolamento que se pode sentir mesmo ao lado de alguém que se prometeu amar por toda a vida. Casais deitados lado a lado na cama, separados por abismos intransponíveis de mal-entendidos, ressentimentos não expressos ou simplesmente uma desconexão emocional que o tempo e a rotina construíram.

Ocorreu-me, também, a solidão do idoso, daqueles que já viram muitos entes queridos partirem e que se sentem gradualmente deslocados em um mundo que parece mudar mais rápido a cada dia. Eles, que guardam em si tesouros de sabedoria e experiência, frequentemente se encontram sozinhos em seus apartamentos, talvez se lembrando dos tempos em que as risadas preenchiam seus lares.

Como me mudei há pouco tempo para esta nova cidade, foi impossível não refletir sobre a solidão do imigrante, do estrangeiro, daquele que deixa sua terra, sua cultura e sua família em busca de oportunidades, mas que carrega no peito o peso do desenraizamento, a saudade de casa e a luta constante para se integrar em um novo mundo onde até o sotaque diferente nos isola.

Pensei igualmente que, no tumulto da vida real que cada vez se mistura mais ao mundo virtual, muitos jovens também carregam sua dose de isolamento. Na era digital, apesar das infinitas conexões online, muitos sentem uma solidão aguda, um vazio que nem mil curtidas nas redes sociais poderiam preencher. A busca por reconhecimento e a comparação constante certamente ampliam a sensação de inadequação e isolamento.

E, claro, há aqueles que, eu sei, por inúmeras e diferentes razões, encontram-se genuinamente sós no mundo, sem família ou amigos íntimos, vagando pelas ruas da vida, buscando conexão e significado para o existir.

Pensar em tudo isso pareceu reforçar o sentido da resposta dada à pergunta que eu havia formulado em minha rede social: conta para mim... E a maioria contou: solidão.

Quando considerei todos esses corações solitários, senti uma onda de empatia e compaixão. Voltei ao computador, com a certeza renovada sobre o que seria essa conversa com você, leitor.

É hora de iniciarmos uma jornada de reflexão, exploração e busca de saídas para a solidão. Juntos, neste livro, vamos encontrar coragem para nos aventurarmos pela solidão, reconhecendo seu poder e impacto, mas também descobrindo a força integrativa da solitude, pois é nela que voluntariamente nos colocamos. E através dela alcançamos boa parte do nosso crescimento pessoal e espiritual.

Juntos, pretendo que descubramos que, mesmo nas profundezas da solidão, podemos encontrar o caminho de volta para a comunhão com os outros, nutrindo nossas almas e criando um sentido mais profundo de pertencimento no mundo.

Mas como alcançar uma meta tão ambiciosa? Foi então que me veio à mente que a melhor forma de desvendar as complexidades da solidão seria entrevistando-a. Dona Solidão, por certo, me daria as respostas que eu procurava para compartilhar com você.

Será que ela aceitaria o convite? Essa dúvida acabou me impacientando, pois eu queria iniciar logo essa conversa.

— Por que tanta impaciência, homem de pouca fé? Estou aqui. Na verdade, nunca saí do seu lado.

Entre assustado e surpreso com a frase que ressoou em meus ouvidos, levantei os olhos, até então fixos na tela do computador, e vi, sentada na poltrona bem diante da minha mesa, uma sombra que se movia lentamente, quase como numa dança.

— Dona Solidão, é você?

— Nunca estou longe, não é? Foi fácil escutar o seu chamado.

— Sim, de algum modo eu lhe chamei — respondi, meio incrédulo, e acrescentei: — As pessoas frequentemente sofrem com a sua presença e por isso temem você. Gostaria de lhe entender melhor. Topa me dar uma entrevista?

A sombra ficou ainda mais oscilante, como se lesse meus sentimentos e vibrasse numa risada muda. Até que, voltando à sua dança inicial, respondeu:

— Você não é diferente de ninguém, senhor psicólogo. Sou boa em farejar o medo e conheço bem os seus. Mas estou aqui, não estou? Em parte, seu medo de mim me fez aceitar o convite.

Em alguma medida, Dona Solidão estava certa: eu estava com algum medo. Por um momento, um silêncio profundo invadiu o cômodo. Mesmo com anos de experiência em ouvir, percebi que estava diante de uma entidade completamente diferente.

Como se entrevista a solidão em pessoa? Como se confronta algo tão etéreo e ao mesmo tempo tão palpável na vida de tantos, inclusive na minha?

Olhei novamente para a sombra, que parecia cada vez mais densa e vibrante, desafiando-me a entender sua essência. Respirei fundo e decidi dar o primeiro passo.

— Solidão, por que você existe? — perguntei, tentando esconder um traço de hesitação na voz.

A sombra pareceu se contorcer, criando padrões ondulantes que refletiam uma gama de emoções, desde a melancolia até a tranquilidade. Ficou assim por um tempo, como se ponderasse sobre a resposta, e então disse, com uma voz suave, mas incisiva:

— A questão não é porque *eu* existo, mas porque *vocês*, humanos, me sentem tão intensamente. O poder que *eu* tenho são *vocês* que me dão.

Fiquei atordoado, tentando assimilar as palavras dela. Pensei em milhares de outras perguntas que queria fazer e nos relatos de pacientes que compartilharam seus momentos de solidão comigo. Ainda estava em dúvida sobre o que perguntar a seguir quando a sombra, quase como se permanecesse lendo os meus pensamentos, disse:

— Prepare-se, senhor psicólogo. Amanhã voltarei nesta mesma hora e será uma conversa longa e reveladora. — Antes de sumir, ainda sussurrou: — Você e seus leitores descobrirão muito mais sobre si mesmos do que imaginam.

Sentindo frio na espinha, vi a sombra se dissolver gradualmente, deixando-me ali, sentado, repleto de expectativas e de apreensão pela entrevista que teria início no dia seguinte. Um ou dois minutos depois, meu cachorro entrou correndo e fazendo festa no meu escritório. Ouvi vozes na cozinha. A casa não estava mais vazia, todos haviam voltado do passeio. Continuei ainda algum tempo imerso em reflexões, sabia que a noite seguinte seria o momento em que eu, finalmente, começaria a desvendar os mistérios de Dona Solidão.

01

O NASCIMENTO DA SOLIDÃO

NO DIA SEGUINTE, MINHA ANSIEDADE PULSAVA IGUAL AO tique-taque de um antigo relógio de pêndulo que fica na parede da sala. Era um barulhinho constante que ecoava pelos corredores do apartamento enquanto esperava Dona Solidão no meu escritório. Sentado em frente ao computador, eu não parava de pensar sobre como seria o nosso segundo encontro e que respostas eu ouviria para as perguntas que nem havia formulado ainda. As lembranças da noite anterior vieram com força. Será que Dona Solidão viria mesmo?

Enquanto a inquietação da espera tomava conta do meu peito, na minha mente pensamentos diferentes se alternavam. Então lembrei do ditado: "Se você está solitário quando está sozinho, está em má companhia".

Interessante essa frase, não é? Dizem por aí que ela é do filósofo francês Jean-Paul Sartre, mas, sendo bem sincero, acho que não é dele. Na verdade acredito que ela é a essência das ideias expostas no livro *O ser e o nada*, em que Sartre explica bem de onde vêm a solidão, a liberdade e a responsabilidade individual. Mas vai saber! Sim, leitor, a internet tem disso. Nunca confie no que você encontra nela sem verificar em fontes confiáveis. Ou isso, ou você ainda cairá em muitas fake news. Fica a dica!

Seja lá quem for o autor, a ideia dessa frase me fez pensar numa coisa: se entendermos a solidão como uma extensão de nós mesmos, em que momento ela seria uma companhia ruim?

Lembro que li uma vez um romance chamado *O estrangeiro*. Escrito por Albert Camus, o livro conta a história de Mersault, um homem que vive completamente alheio à importância das coisas ao seu redor. E você vai descobrindo que esse comportamento dele de "tanto faz" diante da sociedade é ao mesmo tempo uma espécie de liberdade (porque ele vive do jeito que quer, sem se submeter às regras impostas), mas também uma prisão (porque esse comportamento não é bem-visto pelas outras pessoas, que acabam por ignorar Meursault, tornando-o um "estrangeiro", isolado e sozinho). Ou seja, consenso sobre essa tal de solidão parece não existir. O mais prudente, então, seria perguntar a ela própria, Dona Solidão.

Uma brisa suave passou por mim. Ela havia chegado, eu podia sentir. Parecendo caída da escuridão do céu de São Paulo como na noite anterior, uma sombra começou a se formar na poltrona à minha frente. A sombra tomou uma forma mais definida, e os contornos de Dona Solidão se revelaram mais precisos. Ela me encarou com um misto de compreensão e curiosidade.

Com uma voz suave e ao mesmo tempo melancólica, ela cortou o silêncio:

— Vocês humanos aprenderiam mais sobre a existência das coisas se pensassem menos e sentissem mais. Sinta os grandes filósofos e pensadores, em vez de tentar compreendê-los pela lógica.

— Talvez você tenha razão... — comentei, tentando parecer tranquilo.

Ela riu.

— Você queria me entrevistar. Pois bem, aqui estou.

Evitando rodeios, fui direto ao ponto:

— Como você nasceu, Solidão? O que é você realmente?

Ela ficou em silêncio por um momento, parecendo ponderar durante alguns segundos até que finalmente respondeu fazendo uma pergunta, em tom de quem sabia do que estava falando.

— Do que você mais sente falta na sua vida, senhor psicólogo?

Pego de surpresa, lembrei novamente do romance de Camus, que começa com a morte da mãe de Meursault. Sentindo a voz carregada de saudade, respondi:

— Sinto falta do abraço da minha mãe, que já deixou esta terra.

Dona Solidão pareceu se agigantar na poltrona, e finalmente respondeu:

— Foi aí que eu nasci, no abraço de todas as mães.

A BUSCA DO TODO PERDIDO

Antes de continuar a contar o que aconteceu no meu papo com Dona Solidão, quero conversar com você, leitor. Acho importante refletirmos juntos. Isso porque a solidão nunca é uma linha reta, e, sendo uma sombra, é difícil percebê-la com clareza. Por isso demorei um pouco para entender aquela resposta enigmática, mas acabei percebendo que ela retratava a mais pura verdade. A solidão nasce mesmo no abraço de todas as mães. Vamos entender isso juntos?

Pensemos na gestação de um bebê. Antes da primeira inspiração, antes da primeira luz, existe apenas a escuridão quente e a melodia do pulso materno. Ali dentro, somos inteiros! Não sentimos falta nem anseio por nada. Uma sinfonia perfeita de batidas e movimento. A fusão do ser e do não ser, uma dádiva em que duas almas se misturam de forma indistinguível, tornando-se uma única dança. Uma mulher grávida é vista, na ideia de muita gente, como algo quase mágico — como se fossem duas pessoas em uma só. Sabe aquela coisa meio... mítica? São dois seres, porém um, com quatro pernas, quatro olhos, duas cabeças. Mas ela não é só um corpo, é uma ligação especial. São quase dois seres, tentando ser um só.

É no banquete de Platão que encontramos a antiga história das almas gêmeas, na qual é dito que no início dos tempos as pessoas não eram como são hoje. Existiam seres esféricos, com dois rostos, quatro braços, quatro pernas e dois corações. Fortes e rápidos, esses atributos os deixavam confiantes a ponto de desafiarem os deuses. Por causa dessa ousadia, Zeus, o deus supremo, decidiu puni-los e os dividiu ao meio, criando duas metades separadas, condenadas a vagar pela Terra em busca da outra metade.

Essa alegoria, contada por Aristófanes, é uma forma de explicar a experiência humana de... nascer! Sim, porque, se você parar para pensar um pouco, o ato de nascer é algo que causa dor, principalmente porque é uma separação da aconchegante, totalitária e esférica barriga materna.

Com o grito do nascimento, rompemos o véu que nos ligava a essa sensação de completude. O cordão é cortado e vivemos a nossa primeira perda. E é ali, naquele exato momento, quando o laço se desfaz e somos colocados nos braços da nossa mãe, que nasce também a solidão, a sensação de vazio, de algo que nos foi tirado e que talvez passemos a vida tentando recuperar.

Vagamos, então, pelos lugares, pelas cidades e desertos, tentando encontrar a ligação perdida com essa memória de que um dia fomos um só, por isso completos. Tentamos esconder a solidão nos abraços, amores e sonhos. Usamos a arte, a música e palavras para isso. No entanto, por mais que busquemos, nada nos salva de, aqui e ali, nos percebermos à beira do abismo da solidão, ecoando o grito silencioso do recém-nascido que, por um instante, sentiu a vastidão do universo.

Os primeiros sinais desse grande vazio que pode tomar conta aparecem nos medos das crianças. Esses temores são comuns para todos: é o medo do escuro, o medo de ficar sozinho e o medo do silêncio. Vamos entender um pouco mais sobre eles?

1. O medo do escuro

O medo do escuro é talvez o mais primitivo de todos. As sombras que passam a impressão de estarem se mexendo nas paredes, os barulhos que podem ser escutados à noite e a escuridão que esconde o que a gente não conhece nos lembram bem do quanto éramos frágeis e vulneráveis quando crianças. Na escuridão, nossa mente, que na infância ainda não sabe bem a diferença entre o real e o imaginário, dá vida a monstros e fantasmas escondidos onde a luz não alcança.

2. O medo de ficar sozinho

O medo não é só de estar fisicamente sozinho, mas também de se sentir emocionalmente vazio. Quando estamos desacompanhados, nos vemos como realmente somos, sem ninguém para nos distrair. Para muita gente isso é mais assustador do que qualquer escuridão. Somos seres sociais, por isso gostamos de estar com os outros. Então, ficar sozinho pode ser estranho, porque nos faz pensar sobre quem somos e sobre nosso lugar no mundo. A solidão nos lembra que, mesmo cercados de pessoas, nós nascemos e morremos sem ninguém.

3. O medo do silêncio

Silêncio não é só ficar sem ouvir nada; é como se tudo parasse e não existisse vida, não houvesse movimento, faltasse a ação. A sensação que o silêncio nos traz é a de que tudo o que a gente pensa e sente fica mais forte, principalmente nossas inseguranças mais íntimas. Ele torna mais evidentes nossas questões internas ainda não respondidas e nossos desejos, como se fosse um espelho sonoro para o que sentimos.

As primeiras dificuldades de ficarmos sozinhos são como uma introdução ao que é ser humano. Elas nos mostram a nossa fragilidade e vulnerabilidade, o quanto precisamos estar conectados com os outros e o quanto queremos entender o que não conhecemos. Mesmo que muitos consigam superar esses medos, o que aprendemos com a solidão e o silêncio nos marca para sempre e influencia a maneira como vemos a nós mesmos e tudo à nossa volta.

Ainda que sintamos solidão em nossa caminhada, talvez seja difícil perceber que a verdadeira busca não é apenas pelo que está fora, mas pelo que está ao nosso redor. Isso porque dentro de cada um de nós existe uma lembrança daquela conexão, daquela unidade. É por isso que eu digo a você que, mesmo nos momentos em que nos sentimos mais sozinhos, é preciso lembrar que essa solidão é só uma lembrança da verdadeira conexão que já experimentamos e que, de um jeito mágico, ainda está dentro de nós.

Assim, no coração pulsante da existência, entre a solidão e a busca, pode estar o verdadeiro significado de ser humano: uma criatura eternamente em movimento, sempre em busca daquilo que já foi completo — e que talvez nunca mais volte a ser.

É possível que, lendo minhas reflexões sobre a resposta que ouvi de Dona Solidão, você esteja se sentindo meio sem saída, leitor. Se esse for o caso, *para, bebê!* Para, porque estamos no comecinho dessa jornada, começando a entender o enfrentamento dessa sombra que, desde que saímos do útero e fomos acolhidos no colo da nossa mãe, nos atinge de tempos em tempos. Ainda tenho muito para lhe contar sobre como foi o meu bate-papo com a solidão, mas, antes de continuarmos, acho interessante propor a você um exercício de aceitação. Vamos juntos!

ACEITANDO A SOLIDÃO

Aprender a ficar bem sozinho é importante para nosso bem-estar. Para fazer este exercício, escolha primeiro um lugar tranquilo onde você se sinta bem, seguro e à vontade. Pode ser um cantinho da sua casa, um lugar ao ar livre ou qualquer outro espaço que lhe transmita tranquilidade.

1. Sente-se, fique bem confortável, pés no chão, e respire fundo. Sinta sua respiração, como se ela fosse uma música que sempre esteve com você. Na sua mente, imagine-se naquele ritmo que te acompanha desde o primeiro momento de sua existência, e tente saber como era a sensação de ser um só quando, um dia, você viveu na barriga da sua mãe.
2. Imagine um momento em que você se sentiu seguro e protegido, como quando era um bebê. Concentre-se e aceite a sensação de se sentir completo, a sensação de pertencimento.
3. Lembre-se de momentos em que se sentiu sozinho. Em vez de ficar triste, entenda que são situações naturais da vida e as reconheça como ecos da sua primeira separação, na hora do nascimento.
4. Pense em uma luz quentinha saindo do seu coração, iluminando tudo ao seu redor. Essa luz é o amor que você tem por si mesmo e pelo mundo. Sinta como se essa luz fosse algo que viesse curar a dor do abandono e do não pertencimento.

5. Fale baixinho para você: "Eu entendo minha solidão e sei que ela faz parte da minha história. A minha solidão é só um pedaço da minha jornada. Eu me aceito e sei que faço parte de algo maior".
6. Volte a se concentrar na sua respiração, buscando se sentir bem e em paz. Leve o tempo que precisar e, quando se sentir pronto, abra os olhos.

Depois de fazer esse exercício, pense um pouco sobre como se sentiu. Se quiser, escreva sobre a sua experiência. Isso vai ajudar você a se lembrar de que você é possível lidar com a solidão de um jeito tranquilo no cotidiano. Sempre que se sentir sozinho, faça o exercício.

Solidão é uma emoção, assim como a alegria ou a tristeza, e todos nós sentimos de vez em quando. É bom saber a diferença entre se sentir solitário (o que é uma emoção) e ser sozinho, muitas vezes estando acompanhado (o que é uma situação ou uma condição). Praticando esse exercício com frequência, você pode aprender a administrar sua aflição diante do sentimento de solidão.

Essa foi só a primeira prática, e espero que ela tenha feito bem a você. No decorrer do nosso bate-papo com Dona Solidão, outras ferramentas e entendimentos o ajudarão muito na compreensão do que você está sentindo. Mas agora me deixe contar mais um pouco sobre a entrevista com Dona Solidão.

A IRMÃ DA SOLIDÃO

Olhei para Dona Solidão, sentada na minha frente, e respirei fundo. Apesar de parecer uma figura sombria, eu começava a entender que na verdade ela era apenas algo que foi moldado pelo nosso nascimento e pelas nossas experiências. Com isso em mente, não resisti e perguntei:

— Sendo você parte de nós, por que tantas pessoas a veem como algo negativo? Como uma ameaça?

A sombra pareceu se expandir, criando uma fina aura brilhante em volta de si. E então ela respondeu:

— Quando as pessoas crescem, se sentir sozinho fica mais difícil. Se não aprendem a ficar sozinhas, por não terem vivenciado experiências iniciais de solidão saudável quando jovens, na vida adulta a solidão parece um vazio muito difícil de aguentar. Em vez de verem essas situações como um momento de pensar e crescer, elas me associam a se sentirem abandonadas e desesperadas.

Fiquei em silêncio por um momento, pensando no que ela disse. Lembrei do que pensava Winnicott, um importante psicanalista e pediatra britânico. Para ele, a solidão não era algo ruim a ser evitado ou temido, mas um elemento necessário para crescermos emocionalmente de um jeito saudável. Saber ficar sozinho, quando feito do jeito certo, nos ajuda a pensar, a sermos criativos e a estabelecer um relacionamento mais profundo conosco.

Ele também acreditava na existência de um tipo de solidão positiva, uma vez que saber ficar sozinho tinha mais a ver com o carinho e a proteção que recebemos das pessoas que cuidaram de nós quando éramos pequenos. Se na infância não nos sentimos seguros, pode ser difícil aprender a ficar sozinho, e isso causa problemas na vida adulta. Isso significa que, mesmo que a criança esteja sozinha, ela precisa sentir que tem alguém de confiança por perto. Com o tempo essa sensação de se sentir seguro, que vem de fora, se torna algo interno, levando a pessoa a suportar e até mesmo a gostar de ter momentos sozinha quando estiver na fase adulta.

O que Winnicott dizia sobre solidão fazia sentido para mim, mas eu sentia que ainda tinha muito para descobrir... Com um toque de ironia para temperar a curiosidade, perguntei:

— Não lhe aflige saber que você é tão temida? Você não se sente, de alguma forma... solitária?

Dona Solidão riu levemente.

— Senhor psicólogo, minha natureza não é efêmera e vulnerável como a dos humanos. Eu sou tanto uma criação de vocês quanto uma realidade. Eu existo porque vocês existem. E cada pessoa me molda de um jeito, conforme suas próprias experiências e percepções. Enquanto vocês buscam ser reconhecidos, eu não necessito de aceitação porque imponho minha presença. Eu simplesmente apareço na vida das pessoas, elas querendo ou não.

— Mesmo assim, é difícil acreditar que você não deseje alguma forma de conexão. Não quer ter amigos? Toda criatura, seja de carne ou de metáfora, gosta de ter companhia.

Ela pausou, e sua forma ondulou suavemente.

— Você está me confundindo com minha irmã, Solitude. Como falei antes, eu apareço mesmo sem ser chamada; já ela precisa ser escolhida.

Surpreso com a revelação, esperei que ela continuasse. Foi quando algo incrível aconteceu: a aura fina que antes rodeava a Solidão começou a brilhar intensamente. A sombra se expandiu e se dividiu, criando-se diante mim sombra e luz. A escuridão era a Solidão, enquanto a luz radiante era a Solitude.

A Solitude veio até mim e falou, com uma voz clara e suave:

— Enquanto minha irmã é o reflexo involuntário dos medos, traumas e inseguranças, eu sou o refúgio consciente, o lugar aonde as pessoas vão para se encontrar, para se reconectar com sua essência. Eu sou o momento de meditação na manhã tranquila, o passeio solitário ao entardecer, a leitura de um livro em silêncio. Eu sou a escolha.

Dona Solidão, quase atropelando a fala da Solitude, entrou na conversa. Senti na sua voz que, em alguma medida, havia certo ciúme da irmã.

— Apesar de as pessoas tentarem me evitar, muitas vão atrás da minha irmã, procurando um descanso da confusão do dia a dia. Agora, o que é engraçado e irônico nisso tudo é que vocês fogem de mim, mas querem a companhia dela. No fim das contas, nós duas somos muito importantes para o bem-estar e o equilíbrio de vocês.

Senti uma onda de emoções me atingir. Compreensão, curiosidade, tristeza. A entrevista ainda estava no começo, e eu sabia que tinha muito mais a aprender.

SOLIDÃO E SOLITUDE: DUALIDADES ESSENCIAIS PARA O EQUILÍBRIO HUMANO

Agora somos você e eu, leitor. A cada lição aprendida nessa minha conversa com a Solidão, quero que pensemos juntos. Uma frase que ficou girando na minha cabeça, e acredito que igualmente na sua, foi: "Nós duas somos muito importantes para o bem-estar e o equilíbrio de vocês".

É uma frase curiosa e estranha ao mesmo tempo. O que será que ela tem a nos ensinar? Penso que nossa vida é feita de momentos de estar perto, conectado, integrado, mas também de momentos de estar longe, afastado, isolado. Isso quer dizer que a solidão e a solitude, frequentemente imaginadas como polos opostos, na verdade são forças complementares que moldam nossa jornada e nossa existência, interagindo de maneira significativa em nosso equilíbrio e bem-estar.

SOLIDÃO, O ESPELHO DA CONDIÇÃO HUMANA

A solidão muitas vezes é concebida como algo que faz parte da experiência humana, independentemente do tempo e do canto do mundo em que estejamos. Mas, pensando bem, do jeito que a nossa sociedade vem funcionando, parece bem claro que a solidão, tanto na sua essência quanto na forma como ela aparece, passou por uma grande transformação. Em uma época de muita tecnologia, quando estamos o tempo todo conectados uns aos outros, e quando o jeito como nos relacionamos com as pessoas tem uma dinâmica permeada por mudanças frequentes, a solidão surge não apenas como uma condição, mas também como algo contraditório.

Pense comigo: neste mundo contemporâneo, onde a hiperconectividade reina através das redes sociais e da comunicação instantânea, a solidão não deveria ser um problema. Afinal, como poderíamos nos sentir sós quando estamos sempre conectados? Contudo, na verdade a solidão está cada vez mais presente, e aí é que está o nó da questão: é justamente esse cenário que amplia o palco para uma solidão mais penetrante e complexa.

A internet nos dá a sensação de estarmos sempre mais próximos uns dos outros, mas na verdade é só uma ilusão de proximidade. Muitas vezes estamos fisicamente e emocionalmente distantes.

Além disso, a atual cultura de "seja produtivo", "seja rápido" e "se aperfeiçoe sempre", que são características bem marcantes da nossa sociedade tecnológica, muitas vezes acaba por condenar o ser humano a uma existência solitária. O foco no individualismo, no sucesso pessoal e na competitividade pode fazer você se isolar em "bolhas" de ambição e ansiedade. A solidão, nesse contexto, pode ser tanto uma consequência quanto uma escolha.

Mas de que forma a solidão seria importante para nosso bem-estar e equilíbrio emocional?

1. **Saúde mental:** o aumento dos casos de depressão, ansiedade e outros transtornos mentais na sociedade contemporânea se deve, em parte, à sensação de estar sozinho. Entender melhor como andam as coisas na sua cabeça com relação à solidão pode ser a chave para buscar tratamentos mais eficazes e para encontrar melhores formas de se sentir bem.

2. **Relações sociais:** compreender a solidão é também compreender a natureza das relações humanas hoje em dia. Somos, por natureza, seres sociais. Com isso, perder conexões significativas pode comprometer nossa saúde, bem-estar e até mesmo nossa identidade.

3. **Afetividades verdadeiras:** em um mundo cheio de amizades rápidas e superficiais, se sentir sozinha pode ser um sinal de que a pessoa precisa de relações mais verdadeiras e profundas. Isso pode nos motivar a procurar amizades que tenham mais a ver conosco.

Ou seja, Dona Solidão tinha razão, já que olhá-la de frente é uma jornada pela paisagem interior do ser humano, seus desejos, temores e aspirações. Quando nos aprofundamos nisso com coragem e interesse, encontramos não só os problemas de hoje, mas também oportunidades para uma existência mais conectada, plena e significativa.

SOLITUDE, O SANTUÁRIO DO SER

A solitude, muitas vezes confundida com a solidão, aparece como um antídoto importante para o excesso de estímulos e emoções que vivemos hoje. Diferente de sua irmã, que atrai sentimentos de isolamento e desamparo, a solitude é a escolha deliberada de se desligar, de se refugiar em um espaço de introspecção e autonomia. Nesse cenário, a exploração da solitude na sociedade de hoje é uma jornada tanto de resistência quanto de redescoberta.

Na base do conceito da solitude está a ideia de estar só, mas não de ter uma existência solitária. É querer o silêncio de dentro e de fora, para poder se reencontrar, ouvir nossa própria voz e alimentar nossa essência. A atualidade, com tanta coisa pedindo nossa atenção, muitas vezes sufoca essa voz interior, tornando a solitude não apenas desejável, mas necessária. Sim, leitor, eu sei que disse que a solidão era um caminho para descobrirmos mais sobre nós mesmos, mas lembre-se que a solitude é escolha sua (por isso não dói), enquanto a solidão se impõe (e por isso nos fere).

Por que, então, é fundamental abraçar a solitude para encontramos saúde mental?

1. **Refúgio antibarulho:** a avalanche de informações e a constante necessidade de estarmos online podem ser exaustivas. A solitude chega para oferecer um retiro, uma pausa nessa maratona, nos permitindo recarregar e encontrar clareza em meio ao caos.

2. **Ferramenta de autoconhecimento:** a solitude proporciona o cenário perfeito para a introspecção sem a dor que consome os solitários. Quando nos distanciamos das opiniões e expectativas externas, temos a oportunidade de nos reconectar com nossos desejos, valores e sonhos. Ao encarar o vazio interior sem medo das dores que ele provoca, muitos acabam descobrindo mais sobre si mesmos e sobre o que realmente importa na existência.

3. **Estímulo à criatividade:** grandes mentes ao longo da história, de escritores a cientistas, encontraram na solitude uma aliada poderosa para a inovação e a criação. A liberdade de estar só, sem distrações, permite que o pensamento flua, conectando ideias e gerando insights.

4. **Promoção da saúde mental:** em tempos de burnout e estresse elevado, a solitude pode ser um remédio para a pressão e a correria do dia a dia. Ela dá espaço para pensarmos, relaxarmos e até nos curarmos de momentos difíceis.

5. **Qualidade nas relações:** quando aprendemos a ficar sozinhos e a gostar da solitude, conseguimos ser mais presentes e sinceros com as pessoas que nos cercam.

Explorar os mistérios da solitude ajuda a resgatar a importância de estar só, de se reconectar consigo mesmo para, assim, poder retornar ao mundo com uma perspectiva renovada. A sociedade pode ser vibrante e envolvente, mas a verdadeira essência da vida muitas vezes se revela nos momentos tranquilos de solitude. É uma celebração da autonomia, da introspecção e da profunda conexão consigo mesmo.

Por isso, para se sentir equilibrada a pessoa precisa saber lidar tanto com a solidão quanto com a solitude. No fim das contas, as duas experiências nos ajudam a construir nossa caminhada, nos levando a uma vida mais equilibrada e em sintonia com tudo ao nosso redor.

A resposta de Dona Solidão também me havia feito pensar que, antes de sermos seres sociais, políticos ou morais, nossa existência é única, por isso é fundamentalmente solitária. Mesmo quando estamos em um lugar cheio de gente, carregamos dentro de nós uma parte que é só nossa, que ninguém pode tocar ou entender. Essa parte é nossa essência, o que nos torna quem somos. A essência de cada pessoa é intransferível e inalcançável. É por isso que, mesmo quando nos sentimos conectados aos outros, ainda há um espaço dentro de nós que permanece inacessível.

Essa afirmação pode ter deixado você confuso. Afinal, se é assim como digo, para que serve nos esforçarmos tanto para nos conectarmos com os outros?

Para, bebê!

Para e tenta me entender. Por mais próximos que estejamos de outro ser, por mais íntimos que sejamos, enfrentamos a fronteira inviolável da percepção individual. Essa limitação tem implicações profundas para nossas relações com os outros e para nossa compreensão do mundo. Na prática, a limitação da percepção individual significa que nunca poderemos realmente entender o que é ser outra pessoa. Podemos tentar nos colocar no lugar dela, mas sempre estaremos limitados pela nossa própria perspectiva.

Considere por um momento o simples ato de tocar em alguém. Quando duas mãos se encontram, acreditamos que estabelecemos uma conexão, uma união, uma troca mútua transmitida através da pele. No entanto, essa percepção é enganosamente unilateral. O que experimentamos não é a mão do outro, mas a reação ao toque sentida na nossa própria pele. É um eco de uma realidade que está perpetuamente fora de nosso alcance.

Outro exemplo bem interessante é o beijo, o maior símbolo da intimidade e da paixão, que também não escapa dessa condição solitária. Acreditamos que, ao beijar, temos a sensação de compartilhar um momento único, uma fusão de duas existências. No entanto, a realidade é mais complexa e, de certa forma, mais solitária. Não sentimos os lábios do outro, mas sim a impressão que deixam nos nossos. Estamos, de fato, beijando uma percepção, uma sombra da realidade que pertence unicamente à nossa esfera sensorial.

Essa inerente separação entre seres poderia ser entendida como triste ou angustiante, cada um de nós sendo uma ilha, cercada por um oceano de experiências que não podemos conhecer. Mas essa diferença também é bonita e profunda. O fato de cada um de nós ver e sentir o mundo de maneira única é um testemunho da maravilha da experiência humana. O que sentimos, mesmo que seja apenas uma interpretação do mundo, é algo nosso, que não podemos compartilhar com ninguém.

Essa solidão, entretanto, não é necessariamente trágica, nem sugere um vazio insuperável. Na verdade, ela pode nos ajudar a entender quem realmente somos. Quando aceitamos nossa solidão fundamental, podemos nos libertar dos papéis que desempenhamos, das máscaras que vestimos e das expectativas que carregamos.

Além disso, ao aceitar essa solidão inerente, somos capazes de estabelecer conexões mais verdadeiras e profundas com os outros. Quando nos aproximamos de alguém a partir do nosso eu mais autêntico, não fazemos isso pela necessidade de preencher um vazio, mas a partir do desejo genuíno de compartilhar e compreender. A solidão, paradoxalmente, pode ser a chave para uma conexão mais profunda. Em última análise, a solidão nos convida a uma jornada de autoconhecimento, levando-nos a um encontro com a nossa verdadeira essência.

A SOLITUDE E O RENASCER DE LÍVIA

Agora que você já entendeu que a solidão é, na verdade, uma moeda de duas faces, fundamental para o equilíbrio do nosso ser, quero dividir com você a história de uma de minhas pacientes, com quem aprendi muito sobre a tal da solitude.

Vamos chamá-la de Lívia. Quando ela entrou no meu consultório, tinha os olhos marejados, os ombros curvados e um semblante que carregava a dor de uma alma perdida. Perguntei o que a trazia até mim e a voz dela revelou tristeza: "Eu me sinto sozinha como se tivesse sido abandonada no meio de um oceano, sem terra à vista".

A história de Lívia não era rara. Depois de enfrentar toda a burocracia e as fases práticas de um divórcio, vieram as fases subjetivas — essas, mais difíceis. Isso porque a vida que ela conhecia se desfez. Os amigos que frequentavam sua casa, que comiam em sua mesa, haviam se tornado apenas lembranças do passado. Todos os seus amigos, praticamente, eram em comum com seu ex-marido.

Com o fim do casamento, ela se sentiu desamparada, perdida e mergulhada em uma profunda solidão.

> "Me sentia perdida no mundo. Quando pensava em ligar para alguém, me lembrava de que todos estavam casados e tinham filhos. E eu não queria ser um incômodo. Além do mais, todo mundo tinha uma ligação com meu então ex-marido. E aí, nas poucas tentativas que tive de reencontrar essas pessoas, elas me viam como uma coitada, digna de pena. Mesmo quando eu pedia que não perguntassem nada sobre o divórcio ou que evitassem comentar sobre como estava o meu ex-marido, as pessoas não conseguiam me tirar dessa aura pesada que só uma mulher que se sente abandonada sabe como é. Eu sabia que era preciso fazer alguma coisa para me sentir melhor. Tenho pensado muito na minha vida. Eu sabia o que queria para o futuro. Queria ser feliz, mas não sei como."

Ao longo das sessões, tentei caminhar com Lívia levando-a abraçar a solidão e a transformá-la em uma jornada introspectiva. Lívia começou a explorar seus sentimentos, repensar seus valores e enfrentar as feridas do passado que estavam atreladas a sentimentos de abandono.

Em um exercício de escrita terapêutica, propus que ela escrevesse cartas para seu "eu" mais jovem, consolando a criança que havia sido abandonada em momentos de dor. Com o tempo, ela percebeu que o abandono que sentia no divórcio estava ligado a traumas antigos, a momentos em que se sentiu deixada de lado.

Depois de identificar e dar forma a tudo o que ela sentia com a solidão, ficou mais fácil para Lívia conhecer e mergulhar em sua solitude. Lívia juntou forças para seguir em frente, redescobriu seus hobbies, passou a frequentar clubes de leitura e fez aulas de dança. Parece um pouco clichê, leitor? Sim, parece. Mas foi justamente por causa desses primeiros movimentos que ela começou a construir novos círculos de amizade, com pessoas bem diferentes daquelas com quem convivia no seu passado conjugal. A solitude acabou se tornando uma excelente aliada, permitindo-lhe crescer. Aos poucos Lívia foi se curando de dentro para fora, encontrando seu caminho em meio às tempestades da vida.

Sabendo dessa experiência transformadora de Lívia, eu gostaria que você pensasse um pouco sobre os seus sentimentos quando pensa na solidão. Você também pode transformá-los agora. Vamos juntos descobrir como fazer isso no próximo exercício.

DA SOLIDÃO À SOLITUDE

Você vai usar estas duas colunas. Nas linhas abaixo do nome "Solidão", liste todos os sentimentos e pensamentos que surgem quando você está sozinho e se sente desconfortável, triste ou ansioso. Abaixo de "Solitude", escreva todas as atividades ou momentos em que você se sente em paz estando sozinho, ou os momentos da sua vida que você escolhe ou dedica para si mesmo.

Solidão	*Solitude*

Releia sua lista da Solidão. Reflita sobre o que ela lhe transmite, como ela se manifesta e o que a desencadeia. Releia agora a lista da Solitude e pense sobre os motivos que o levam a gostar dessas atividades e como se sente ao realizá-las.

Compare sua lista da Solitude (e seus sentimentos e emoções positivos associados) com sua lista da Solidão. Perceba como estar sozinho pode ser uma fonte de alegria e realização pessoal. Reflita sobre a diferença entre solidão e solitude.

Agora é hora de partir para a ação. Nas linhas a seguir, escolha de 5 a 7 atividades que você possa realizar sozinho. Mas precisam ser atividades prazerosas, que lhe tragam algum benefício. Talvez você inclua coisas como ler um livro, ouvir música, meditar, escrever, passear ou simplesmente se sentar e apreciar a tranquilidade. Você pode escolher atividades da sua lista da Solitude.

Conecte-se a si mesmo e escreva.

Plano de ação
1.
2.
3.
4.
5.
6.
7.

Comprometa-se consigo mesmo a fazer pelo menos uma dessas atividades todo dia. Não faz mal se durar somente cinco minutos; dedique esse tempo ao seu bem-estar. Quando esse momento do dia chegar, abrace-o como uma oportunidade de se reconectar consigo mesmo e de desfrutar da sua própria companhia.

Garanto que, se essa atividade fosse impactar na vida de alguém afetivamente importante para você, como um filho ou a pessoa com quem você estivesse amorosamente envolvido, você a executaria. É verdade ou não? Pois se dê o valor que costuma dar aos outros e se apodere da sua solitude. Garanto que, com o tempo, você vai observar as mudanças em seus sentimentos em relação à solidão e começará a se integrar bem mais socialmente.

Entenda que, como já vimos aqui, a solidão e a solitude são duas faces da mesma moeda. Com prática e autoconsciência, você pode aprender a dançar entre essas duas experiências, escolhendo a introspecção e o crescimento em vez do isolamento. Sempre que se sentir perdido ou desafiado, retorne a esse exercício para se reorientar e se reconectar consigo mesmo.

O objetivo do exercício é ajudá-lo a perceber que estar sozinho pode ser uma experiência enriquecedora e que é possível transformar os sentimentos de solidão em momentos de solitude. Com o tempo e a prática, você pode começar a valorizar e a buscar proativamente esses momentos prazerosos em sua própria companhia.

É HORA DE FALARMOS NO PLURAL

Escutei o soar das horas no relógio da sala, e só então me dei conta de que já havíamos avançado pela madrugada. Perdido nas reflexões que aquela entrevista me trazia, nem percebi o tempo passar. Mesmo assim, apoiando os cotovelos na mesa, olhei para as anotações feitas no computador. Como se pensasse em voz alta, disse:

— Vocês duas têm mesmo um papel importante na mente das pessoas. Dona Solidão é a sensação de estar isolado, desconectado. Já a Solitude representa o retiro, a introspecção, o espaço onde alguém pode se encontrar.

Dona Solidão, que parecia querer absorver toda a luz ao seu redor, retrucou, parecendo ressentida:

— Vá com calma, senhor psicólogo. Muita gente me vê só como a tristeza de estar só, mas sou muito mais que isso. Há bem mais complexidade em mim.

Eu não conseguia saber se Dona Solidão lia os meus pensamentos ou eu os dela, mas em nossa conexão eu sabia o que ela queria dizer.

— Eu lhe entendo, Dona Solidão. Mais que complexa, você é plural.

— Bravo, senhor psicólogo. Bravíssimo! — Havia ironia na exclamação de Dona solidão. E ela continuou: — Posso inundar até os corações daqueles que estão em uma multidão. Mesmo com muita gente em volta, posso estar lá. E chego a afligir a alma de quem vive um amor. Sim, meu caro psicólogo, existem diferentes nuances de mim. Sou uma, mas também sou muitas.

Solitude, com uma aura serena, retrucou.

— Pega leve, irmã! Muita gente fica triste por não se conhecer ou ter medo de se enfrentar. Estou aqui para ajudar nisso.

— Você é chata, Solitude — retrucou Dona Solidão —, sempre com essa sua mania certinha de querer libertar as pessoas de mim.

— Aceite o fato, Solidão. Na calma e no silêncio que ofereço, muitos encontram respostas.

Fechei os olhos, respirei fundo e percebi o quanto estava cansado. De repente senti algo se esfregando em minhas canelas e tornei a abrir os olhos para ver o que era. Meu cachorro, Carrasco, havia acordado e procurava saber o que eu estava fazendo no escritório ainda àquela hora.

Olhei para onde estavam Dona Solidão e Solitude, mas ambas haviam sumido, talvez assustadas pelas lambidas afetuosas do meu cachorrinho.

Mas eu tinha certeza de que no dia seguinte elas voltariam para continuarmos aquela conversa. E aí seria hora de falarmos sobre os diferentes tipos de solidão, com suas formas e intensidades diversas. Agora é hora de descansar. Nos encontraremos no próximo capítulo, leitor.

02

A SOLIDÃO
VIRTUAL

FIM DE MAIS UM DIA DE ATENDIMENTOS. MEU ESCRITÓRIO
finalmente estava silencioso e eu me espreguicei escutando o barulho suave do ar-condicionado. A temperatura estava agradável, com uma atmosfera tranquila de fim de um dia de trabalho. Entretanto, ainda havia um último compromisso: a Solidão apareceria a qualquer momento, para continuarmos nossa conversa. Disso eu tinha certeza.

Enquanto a aguardava, voltei ao computador para revisar as anotações feitas após cada atendimento, mas não resisti e, quando dei por mim, já estava distraído na internet, acessando sites de notícias. De repente, dois artigos me chamaram a atenção. Ambos falavam sobre a maneira como a tecnologia vinha influenciando os relacionamentos amorosos ultimamente.

Li a primeira reportagem, cujo título era algo mais ou menos assim: "Cresce o número de jovens que namoram e conversam *com* a tecnologia". Imediatamente me lembrei do filme *Ela*, que conta a história de um escritor que se apaixona pela voz do sistema operacional do seu computador. Uma situação que parecia ficção em 2014, mas que agora faz parte da realidade de muita gente. Será que as pessoas realmente conseguem encontrar na inteligência artificial aquilo de que sentem falta nas relações humanas? Ou será apenas uma forma de escapar dos desafios das relações reais, nas quais as imperfeições, frustrações e surpresas são inevitáveis?

A matéria falava sobre um aplicativo que gerava um "amigo virtual", parecido com um personagem de videogame, sempre pronto para escutar quem conversava com ele. A ideia era ter um espaço seguro onde os usuários podiam ser eles mesmos, sem julgamentos. "Acho que algumas pessoas dirão que isso é, de certo modo, semelhante ao papel de um psicólogo", pensei.

Sorri do absurdo dessa minha ideia. Não porque eu me ache um profissional insubstituível, mas porque nós, psicólogos, temos como papel o acolhimento, o suporte afetivo, uma escuta e uma fala que, fundamentadas em protocolos técnicos, cientificamente testados, ajudam as pessoas a lidar com suas emoções e desafios, ressignificando suas vivências e histórias. Já o "boneco" que aparece na tela da virtualidade oferece apenas uma espécie de conforto temporário, na medida em que ele só fala o que o humano do lado de fora quer ouvir.

Ainda intrigado com a primeira notícia, li outra reportagem sobre um japonês que se casou — de papel passado e tudo — com um holograma. Em 2018, Akihiko Kondo optou por essa união, longe dos padrões tradicionais da sociedade, com a personagem virtual Hatsune Miku, que "vive" em uma pequena redoma de vidro de mesa, na qual a imagem e os sons dela são projetados.

Essa notícia me pegou de surpresa. Em algumas culturas, especialmente no Japão, o isolamento social é um problema crescente há uns bons anos. Mas será que essa era a solução?

Pensando na palavra "fictossexual" (termo relativamente novo, surgido na internet, usado para nomear pessoas que sentem atração romântica ou sexual predominante ou exclusivamente por personagens fictícios), comecei a me perguntar sobre os limites entre o que é uma preferência pessoal e o que pode ser uma maneira de fugir da realidade.

Absorto em pensamentos, um arrepio percorreu meu corpo quando senti o toque de duas mãos pesadas nos ombros.

— Fascinante sua pesquisa, senhor psicólogo! — A voz era um sussurro envolvente, como uma brisa noturna.

Virei-me e vi a sombra que já me era familiar.

— Solidão! Você é sempre assim, chega sem avisar?

Ela riu, um som que parecia o crepitar de folhas secas sob a lua.

— Naturalmente eu chego sem aviso. As surpresas são o tecido do meu ser. Eu me materializo nos momentos menos esperados, em festas cheias de som e movimento ou no silêncio de quem está sentado diante de uma tela. Quem precisa de convite quando se tem destreza suficiente para se infiltrar na intimidade da alma humana? Minha presença é um convite à reflexão melancólica, um estímulo à introspecção. Eu apareço, com ou sem permissão, para tecer pensamentos que pesam como chumbo no coração.

— Então, devo presumir que você não suporta nem a sua própria companhia, já que nos encontramos novamente? — provoquei, sem me deixar abalar.

— Ah, que ironia fina! — A Solidão exclamou, com um sorriso enigmático nos lábios. — Eu, a antítese perfeita da minha irmã Solitude, buscando sua atenção. Era só o que me faltava! Não se engane, não há nada de especial em você, senhor psicólogo. Ninguém está imune: eu visito a todos. Neste momento, porém, sua pesquisa sobre tecnologia chamou minha atenção.

Com certa elegância, a Solidão se acomodou na poltrona à minha frente. Já mais acostumado com sua presença, provoquei-a.

— Eu poderia jurar que, com a internet e as novas tecnologias, você se tornaria completamente obsoleta.

— É um equívoco comum, senhor psicólogo. A tecnologia me remodelou, mas jamais conseguirá acabar comigo! Afinal, como já lhe disse da última vez que conversamos, sou plural. As pessoas continuam se sentindo isoladas, como se estivessem perdidas em um mar de conexões digitais, em busca de um porto seguro que não existe.

— E quanto às pessoas que buscam amor e companhia em inteligências artificiais? Como você se encaixa nisso, Solidão?

— Ah, essa é a prova da minha complexidade. O amor e a conexão buscados em inteligências artificiais mostram quanta carência existe nesses corações. E considere também que, muitas vezes, pode ser mais fácil confidenciar a um robô do que a um ser humano.

Sua resposta me deixou ainda mais reflexivo.

— A internet não deveria ter nos conectado mais? Não deveria ter ajudado a superarmos as barreiras do isolamento?

— Conectar ela conectou. Mas conexão não é sinônimo de compreensão ou aconchego. A internet cria a ilusão de que as pessoas estão mais próximas, ao mesmo tempo que cava abismos emocionais entre elas.

— Então, a tecnologia e a inteligência artificial nunca terão o poder de extinguir você?

Solidão riu, um som que ecoou como o murmúrio de um rio antigo.

— Elas são apenas ferramentas. Podem tanto aliviar quanto intensificar minha presença. A verdadeira questão é como as pessoas usam a tecnologia para compreender e lidar com suas emoções e necessidades mais profundas. E para isso elas a utilizam muito pouco. É sobre isso que você deveria refletir, senhor psicólogo.

■ ■ ■

Deixemos minha conversa com a Solidão mais uma vez, leitor, para pensarmos juntos sobre o que ela disse.

Em sua fala, a Solidão lançou luz sobre uma verdade que é bastante incômoda: o quanto a subutilização da tecnologia para entender e resolver nossas emoções acaba, ironicamente, aprofundando o abismo da solidão. Vamos desatar o nó dessa questão?

Vivemos numa enorme e constante busca. Desejamos muito quem nos compreenda, quem nos aceite, especialmente em um mundo onde as pessoas cada vez mais julgam, isolam e excluem. Contudo, é essencial perceber que, quando nos refugiamos na tecnologia, estamos, sem nos darmos conta, nos privando das ricas relações humanas autênticas. Num anseio sem fim por conexões virtuais, você acaba se distanciando cada vez mais da interação humana, e aí fortalece a solidão que tanto deseja evitar.

A chamada "intimidade artificial" é um fenômeno curioso, nascido dos algoritmos e que molda os "amantes digitais". Essa ideia seduz porque a fantasia é o que move a nossa excitação sexual.

Nós imaginamos alguém que personifica os nossos desejos mais ardentes. Seja através de um filme, de um conto, de uma imagem — cada veículo desses serve de tela para nossas fantasias mais íntimas. Por isso, muitas vezes aquele sexo casual, impessoal, descompromissado, pode ser mais eletrizante do que a intimidade frequente; projetamos nossos anseios e desejos no outro, de forma superficial, porém bastante estimulante.

Mas a questão vai além do sexual. Quando nos sentimos atraídos por alguém, depositamos sobre essa pessoa nossas fantasias e expectativas. À medida que a conhecemos melhor, avaliamos quais aspectos correspondem às nossas expectativas e quais nos surpreendem — e algumas conclusões nem sempre são muito agradáveis. Freud, o pioneiro da psicanálise, já falava sobre a complexidade do que é o conviver com o outro, de aceitar suas peculiaridades, mesmo aquelas que não nos agradam. É essa mistura enigmática que deveria nos fascinar na pessoa amada, e não a previsibilidade do programa de computador.

Aqui se encontra a resposta para a pergunta que paira no ar: por que alguns preferem um amor fictício, a ponto de se casar com figuras virtuais, ao relacionamento com um ser humano real? A convivência real é algo desafiador. A perspectiva de "criar" alguém que atenda exatamente às nossas expectativas é tentadora, pois parece mais simples e confortável. Se num futuro próximo os robôs, com sua inteligência artificial, puderem se adaptar às nossas idealizações amorosas, a difícil tarefa de lidar com as diferenças do outro poderá se tornar algo visto, erroneamente, como ultrapassado.

Isso nos remete muito à infância, quando a mãe era aquela que atendia todos os nossos desejos. Bastava chorar no berço que a comida aparecia, que a gente conseguia colo, a troca de fralda, ela resolvia o frio ou o calor. Mas a gente cresce, vai descobrindo o gostinho ruim das frustrações dos "nãos" da vida e começa a compreender que nem tudo vai ser do jeito que gostaríamos, pois existe um abismo entre nossos desejos e a realidade. E aí vem a tecnologia, nos dando a possibilidade de retornarmos a essa fase de gratificação imediata, numa era de fictossexualidade e da ilusão de parcerias perfeitas e inquestionáveis.

Se você se sente solitário, acorde! Lembre-se do que a Solidão disse: a tecnologia, como ferramenta, tem o potencial de lhe conectar ou isolar ainda mais, dependendo da forma como você a utiliza. Na busca por um companheiro feito sob medida, podemos estar renunciando ao imprevisível (e enriquecedor!) terreno das relações humanas genuínas.

À medida que navegamos pelo oceano do mundo digital, nos deparamos com uma quantidade inesgotável de experiências, que vão desde interações superficiais até encontros profundos com seres virtuais que foram meticulosamente programados para nos entender e consolar. Nesse cenário, é possível que acabemos cada vez mais solitários, sacrificando a profundidade e a qualidade dos relacionamentos humanos em prol da conveniência tecnológica.

É bom sempre lembrar: a essência da interação humana não está apenas nas palavras, mas também nos detalhes às vezes quase imperceptíveis da linguagem corporal, no timbre de voz, no calor reconfortante de um abraço. São pequenos gestos, essas surpresas espontâneas que trazem riqueza para nossas vidas, estimulando nosso crescimento emocional e psicológico. E aí, quando decidimos nos dedicar cada vez mais ao universo digital, corremos o risco de nos desviarmos dessas nuances preciosas, trocando-as por interações mediadas por algoritmos cuja única função é nos agradar e satisfazer.

Essa troca parece sim, algo muito prático. Mas talvez o preço seja alto: ela nos priva da beleza que existe naturalmente nas relações humanas, na sua forma mais pura e imprevisível. Quando interagimos face a face, cada gesto, cada olhar, cada sorriso espontâneo traz consigo uma complexidade de emoções que nenhum algoritmo pode replicar. Esses momentos, muitas vezes tão efêmeros, são os que verdadeiramente nos moldam, nos desafiam e nos libertam da solidão.

Assim, enquanto ficamos maravilhados com as possibilidades ilimitadas do mundo digital — e cada vez mais dependentes delas —, é sempre bom parar para pensar sobre o que podemos estar perdendo e a força que estamos dando a essa solidão que nos sufoca. É muito importante encontrar um equilíbrio; deixar que a tecnologia nos sirva sim, porém sem nos aprisionar em uma realidade artificialmente perfeita e que nos impeça de viver com as imperfeições e surpresas que fazem da vida humana uma jornada verdadeiramente enriquecedora e divertida.

E, para começar a escapar das armadilhas da solidão virtual, é hora de fazermos um teste *(ver página 62)*.

IDENTIFICANDO SUA SOLIDÃO ARTIFICIAL

Você tem a seguir algumas questões para refletir sobre esse assunto. Tente classificá-las, atribuindo de 0 a 4 pontos para cada sentença. Some os pontos e confira o resultado no final:

Você se comunica com amigos por meios digitais (mensagens, redes sociais etc.)?

NUNCA	RARAMENTE	ÀS VEZES	COM FREQUÊNCIA	SEMPRE
0	1	2	3	4

Quando você está com amigos, fica verificando o celular?

NUNCA	RARAMENTE	ÀS VEZES	COM FREQUÊNCIA	SEMPRE
0	1	2	3	4

Você costuma se sentir confortável ao fazer novos amigos sem o uso da tecnologia?

NUNCA	RARAMENTE	ÀS VEZES	COM FREQUÊNCIA	SEMPRE
0	1	2	3	4

Você se sente ansioso ou desconfortável quando está sem acesso à tecnologia?

NUNCA	RARAMENTE	ÀS VEZES	COM FREQUÊNCIA	SEMPRE
0	1	2	3	4

Você se sente mais seguro socializando virtualmente do que de maneira presencial?

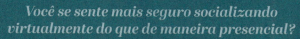

NUNCA	RARAMENTE	ÀS VEZES	COM FREQUÊNCIA	SEMPRE
0	1	2	3	4

Você se sente esgotado ou mentalmente exausto após interações prolongadas na internet?

NUNCA	RARAMENTE	ÀS VEZES	COM FREQUÊNCIA	SEMPRE
0	1	2	3	4

Se você fez de 0 a 10 pontos: *baixa solidão artificial:* você parece ter um controle equilibrado sobre a interação com a tecnologia. Sua vida online complementa, mas não substitui suas relações pessoais e atividades fora do mundo digital. Continue a manter esse equilíbrio. Lembre-se de valorizar e nutrir suas relações pessoais e as atividades que não dependem da tecnologia.

Se você fez de 11 a 20 pontos: *solidão artificial leve:* você pode estar começando a se inclinar para uma dependência moderada da tecnologia para interações sociais, o que pode levar a um sentimento leve de solidão artificial. Tente identificar momentos em que a tecnologia substitui o contato pessoal e busque equilibrar suas interações online e offline. Atividades em grupo ou hobbies que promovam interações face a face podem ser benéficos. É importante refletir sobre como e por que você usa a tecnologia nas interações sociais. Buscar formas de interação presencial e desenvolver atividades interessantes fora do ambiente virtual podem ajudar a reduzir essa dependência.

Se você fez de 21 a 30 pontos: *solidão artificial considerável:* sua pontuação indica uma forte tendência à dependência da tecnologia para interações sociais, possivelmente causando uma sensação considerável de solidão, mesmo quando você está conectado digitalmente. Busque maneiras de reduzir o tempo online, sobretudo em redes sociais e plataformas que podem induzir comparações sociais. A busca por atividades e relações no mundo real pode ser crucial para reduzir essa sensação de solidão.

Se você fez de 31 a 40 pontos: *alta solidão artificial:* sua pontuação sugere uma alta dependência da tecnologia em suas relações sociais, o que pode estar levando a um nível significativo de solidão artificial. Pode ser útil procurar apoio profissional para entender melhor essa dependência e trabalhar em estratégias para estabelecer um equilíbrio mais saudável entre o mundo digital e as relações pessoais. A busca ativa por interações face a face e o envolvimento em atividades comunitárias ou de grupo podem ser passos importantes.

Lembre-se, esse teste é apenas uma ferramenta de autoavaliação. Apenas um "pense nisso!". Ela não é um diagnóstico nem indica que você está psicologicamente saudável ou doente, além de não substituir a busca por um aconselhamento profissional se você sentir que precisa de ajuda. A ideia dessa ferramenta é, sobretudo, fazer você refletir sobre as maneiras como a solidão que tanto o machuca é, em parte, causada pela forma como você vem se relacionando com as novas tecnologias.

NEM TUDO É O QUE PARECE

Distraído com reflexões sobre o exercício que você acabou de acompanhar, leitor, fui surpreendido por uma voz familiar, porém carregada de sarcasmo:

— Será que teremos muitas pontuações elevadas nessa avaliação? — A sombra se alargou, formando um sorriso irônico. Era a Solidão, que continuava ali, sentada em frente à minha mesa.

Respondi, entre irritado e surpreso:

— Ah, Solidão! Você aqui de novo? Não tinha notado.

— Estou sempre por perto, de alguma maneira, por menos que gostem de mim. Sou como aquela música-chiclete persistente que você não consegue tirar da cabeça de jeito nenhum... e que pode ser irritante em alguns momentos, mas surpreendentemente agradável em outros. Sim, admito: seus questionamentos são intrigantes, por isso tem sido cada vez mais tentador permanecer aqui, ao seu lado... ou seria dentro de você, senhor psicólogo?

Escolhi ignorar a provocação e refleti em voz alta:

— Parece que você se infiltra na vida das pessoas, mesmo sem que elas desejem ou tenham conhecimento disso.

— Isso não é culpa minha! Você, com sua experiência clínica, deve saber que as pessoas preferem responsabilizar qualquer coisa fora delas quando se sentem solitárias, mas quase nunca observam suas próprias subjetividades ou visões de mundo. "Ah, estou sozinho porque não sou rico", ou "Minha vida amorosa é um deserto porque não atendo aos padrões sociais de beleza", ou "Vivo essa solidão tão grande por conta da minha orientação sexual, ou por causa da cor da minha pele, ou pelo meu peso, ou por isso, ou por aquilo...". Para mim, essa forma de tentar entender meus motivos para eu entrar na vida delas é um baita desperdício de energia!

— Você está dizendo que as pessoas buscam respostas em lugares errados quando tentam entender a solidão que as atormenta?

— Exato, senhor psicólogo! Elas são frequentemente cegas para o óbvio. Quando as pessoas pensam em mim, concordo que pensam também sobre causas que se passam fora delas, mas é muito mais sobre o mundo interior, sobre a maneira como cada um organiza e interpreta as coisas que vive. É como tentar limpar uma janela para ver o mundo mais claramente quando na verdade são seus óculos que estão embaçados. Em vez de se concentrarem em limpar a janela — o mundo externo —, elas deveriam primeiro ajustar os óculos, clarear sua visão interna e sua compreensão de si mesmas.

— Então, só se foge da dor da solidão olhando para dentro e tentando entender os próprios pensamentos, emoções e crenças?

— Exatamente. Ajustar os óculos significa buscar autoconhecimento e introspecção. Isso pode evitar percepções distorcidas sobre os motivos para estar só, o que ajuda muito a ver o mundo ao redor de maneira mais clara e objetiva. É um processo de olhar para dentro para entender melhor o que está fora.

— Concordo que o autoconhecimento é crucial. Mas esse também é um mergulho que fazemos sozinhos. De que maneira isso pode transformar a experiência de quem se sente objetivamente solitário?

— Ah, esse mergulho muda tudo. Quando as pessoas se compreendem, eu deixo de ser o monstro embaixo da cama e dou espaço a minha irmã, Solitude. Aquela que você já conheceu. A chata que traz paz, introspecção e, quem sabe, até umas risadas sobre a ironia da existência.

— Isso significa que você, Solidão, é uma experiência necessária para as pessoas começarem a valorizar as companhias? Especialmente a delas próprias?

Em vez de me dar uma resposta, a sombra ondulou bruscamente e sua ondulação criou uma risada debochada.

A QUEDA PARA DENTRO

Essas conversas com a Solidão sempre trazem coisas sobre as quais vale a pena refletir, não é mesmo? Pois bem, muitas vezes existe uma porção de circunstâncias no mundo que podem levar um indivíduo a se sentir excluído ou isolado. No entanto, a sensação de solidão vai muito além do que acontece ao nosso redor; ela depende de como entendemos, sentimos e organizamos nossas próprias experiências.

Para entendermos melhor a necessidade de "cairmos para dentro de nós mesmos", quando buscamos combater nossa solidão, tomemos como exemplo o e-mail que recebi de uma seguidora do meu canal *Nós da Questão*, no YouTube.

> Marcos, me ajude, por favor.
>
> Por mais que eu escute "seja você a sua melhor companhia", eu não consigo. Eu sou mulher, mas parece que sou invisível aos olhos dos homens. Eu sou uma boa pessoa, estou longe de ser feia e tenho um bom emprego. Por sinal, eu sou a única preta no meu emprego, o que significa que também não

> sou burra, já que precisei ralar muito para vencer os preconceitos e estar onde estou. Mas, mesmo com tudo isso, nenhum homem olha para mim. Não tem essa conversa de que talvez eu não veja quem me olha. Não tem ninguém me olhando! Nenhum homem parece me desejar. Queria que as pessoas entendessem que, antes de ser preta, eu sou uma mulher que tem sentimentos, que tem amor para dar, que sempre sonhou em construir uma família com marido e filhos. Não quero me fazer de vítima, até porque não sou, mas em que as outras mulheres são melhores do que eu? O que dependia de mim eu fiz. Eu estudei, tenho um emprego com bom salário, sou inteligente, sou uma boa pessoa. Mas nenhum homem quer um relacionamento comigo. Por quê? Eu lhe respondo: porque ninguém quer apresentar uma preta aos amigos ou à família. Não é justo viver essa solidão à qual eu pareço condenada, enquanto mulher preta.

O e-mail dessa seguidora chama a atenção para algo importante. A jornada da mulher preta pela solidão é como se fosse uma tapeçaria entrelaçada de experiências sociais, culturais e psicológicas, com o peso da história e a complexidade da identidade em cada trama. Essas mulheres têm uma vivência única, moldada por uma encruzilhada intensa de discriminação racial e de gênero, criando um percurso cheio de obstáculos. Frequentemente elas se veem à margem, em espaços onde a predominância é branca, um isolamento que transcende o físico e permeia o psicológico.

A realidade dessa exclusão é um padrão que se repete em incontáveis vidas e várias geografias. Considere, por exemplo, os achados de um estudo realizado pela Mental Health Foundation, uma instituição do Reino Unido que produz e distribui informações sobre saúde mental. Segundo eles, as pessoas pretas têm maior probabilidade de se sentirem solitárias do que a população em geral. Os dados da pesquisa sugerem que uma em cada três pessoas negras já experimentou sentimentos de solidão — comparado à população em geral, uma em cada quatro relatou solidão durante algum tempo ou todo o tempo. Esses dados são fáceis de entender se pensarmos no abismo forjado pela segregação social, a ausência de representação e as cicatrizes deixadas pela discriminação racial.

Dessa forma, faz muito sentido o que a seguidora me escreveu. Ela não está imersa em uma solidão abstrata; é uma solidão palpável, real, tecida nas experiências de sua existência. Ou seja, a solidão da mulher preta existe sim, e tem aspectos sociais, isso é inegável. Mas como ela poderia lidar com isso?

Para superarmos qualquer tipo de solidão precisamos "cair para dentro" e começar a reconhecer que, apesar de fatores como cor da pele, orientação sexual ou pertencimento a quaisquer grupos minoritários realmente influenciarem os tipos e intensidades da solidão, existe um aspecto mais abrangente e universal em jogo: a paisagem interna, que constrói a alma e forma a essência de cada pessoa.

Independentemente de nossas identidades externas, cada indivíduo carrega dentro de si um mundo formado por muitas emoções, pensamentos e experiências. Essa realidade interior é um terreno onde a solidão brota, não apenas como resultado de fatores sociais ou culturais, mas também como um reflexo da nossa jornada pessoal e íntima em busca de significado, conexão e compreensão de nós mesmos.

Nessa conversa sobre a solidão, vemos uma verdade que vai além das diferenças sociais e culturais. Ela funciona como um espelho, mostrando o quanto lidamos com nós mesmos de um jeito complicado. O e-mail da seguidora é um ótimo exemplo dessa ideia. Ele abre caminho para entendermos melhor não só a concreta solidão enfrentada pelas mulheres pretas, mas também a solidão humana em sua essência universal.

No e-mail, destaco uma afirmação provocativa feita por ela: "porque ninguém quer apresentar uma preta aos amigos ou à família". É possível perceber o quanto essas palavras estão carregadas das experiências específicas da marginalização racial que ela viveu, e também apontam para uma questão mais ampla sobre a autopercepção e a autoaceitação. Ao refletir sobre essa pergunta, a mulher que me escreveu revela, sem pensar, a tendência a olhar para fora — para os outros — na busca por validação e aceitação, sem se dar conta da falta de uma jornada interna para se relacionar melhor com a própria identidade e valor.

A falta do autovalor parece ficar evidente se pensarmos que, da forma como a frase foi escrita no e-mail, a pessoa quase está dizendo que só olha, ou só existem, ou só têm valor, as pessoas brancas. Afinal, por que um homem preto teria dificuldade em apresentar uma mulher preta aos amigos ou familiares dele? Também valeria a pergunta: "Eu, mulher preta, namoraria comigo?".

Aqui, é bom ficar atento: não é o caso de desconsiderar que ela é, sim, vítima de um racismo histórico e estrutural, mas é possível pensar que a solidão aqui se entrelaça com a autopercepção, sugerindo que, além dos inúmeros desafios externos impostos pela cor da pele negra, há um nível mais profundo de isolamento que nasce da maneira como nos relacionamos com nós mesmos. Ou seja, com base na experiência compartilhada no e-mail, percebemos que essa mulher não só enfrenta as adversidades sociais decorrentes de sua negritude como luta com a sua própria aceitação e amor-próprio, que foram deformados pela segregação racial.

Quero que você use esse exemplo para pensar não só naqueles que enfrentam discriminação, mas em todos os seres humanos que navegam pelas águas da solidão. Afinal, cada um de nós, em algum momento, se depara com o desafio de abraçar nossa própria companhia, de encontrar paz e propósito na quietude do nosso ser. E aí, conforme vamos passando por muitas decepções e desilusões, vamos nos retraindo em conchas de autoproteção, criando barreiras que, embora destinadas a nos proteger, acabam mesmo por aprofundar nosso isolamento.

Há pelo menos duas lições que se destacam dessa troca: uma é que o desamparo humano pode vir para todos, e a outra é o quanto precisamos de conexão e empatia. Estamos todos juntos nesta jornada, cada um carregando seu próprio fardo de inseguranças e medos. Mas é só quando removemos nossas armaduras e reconhecemos nossa vulnerabilidade compartilhada que podemos começar a verdadeiramente nos conectar com os outros.

Abrace sua humanidade e descubra que a solidão não precisa ser um estado permanente; ela pode ser um ponto de partida para uma compreensão mais profunda de si mesmo e do mundo ao redor.

TIRANDO A ARMADURA

Agora é hora de colocar em prática um pouco do sentimento de abraçar sua humanidade, de ficar mais vulnerável e de poder se mostrar mais disponível para se conectar com as outras pessoas. Para tanto, convido você a fazer o exercício a seguir. Você vai precisar de duas cadeiras (ou de dois lugares para sentar) e de um gravador de voz, que pode ser o do celular.

1. Relembre alguma situação, recente ou antiga, em que uma pessoa, ou um grupo de pessoas, tenha feito você experimentar o peso da solidão e a dor de ser ignorado.
2. Coloque duas cadeiras, uma diante da outra, no espaço onde você vai fazer esta atividade. Decida qual cadeira representa você e qual representa a outra pessoa ou o grupo.
3. Sente-se na cadeira que representa você. Ligue o gravador e comece a expressar seus sentimentos e pensamentos sobre a situação que lhe fez mal, como se estivesse falando diretamente com a pessoa ou grupo, imaginando-os sentados na outra cadeira. Tente expressar ao máximo tudo o que gostaria de ter dito na situação, mas não se sentiu capaz. Aborde diferentes aspectos: suas emoções, pensamentos, as ações que você praticou ou deixou de praticar, e explique que gostaria que os outros entendessem sua perspectiva e tivessem lhe acolhido de forma diferente.

4. Em seguida, mude para a cadeira oposta, assumindo o papel da outra pessoa ou do grupo. Ouça a gravação (se achar necessário) e responda ao que você falou, tentando capturar os sentimentos e perspectivas de quem lhe fez se sentir tão só e ignorado. Ao assumir o papel do outro, preste atenção não só ao conteúdo do que você (no papel do outro) disser, mas também ao seu tom de voz, às emoções expressas e a quaisquer padrões de comunicação que perceber.
5. Quando acabar de falar tudo o que lhe vier à cabeça, volte à sua cadeira original e, de olhos fechados e com as mãos repousando sobre os joelhos, reflita sobre a experiência de ambos os lados. Quando se sentir preparado, abra os olhos e preencha o quadro a seguir.

QUADRO DE REFLEXÃO

Quais foram as principais reflexões e entendimentos, sobre ambos os lados, que essa troca de papéis lhe trouxe?

Quais sentimentos estiveram mais presentes em você quando estava na primeira cadeira?

Quais sentimentos estiveram mais presentes em você quando estava na segunda cadeira?

O que você conseguiu aprender sobre si mesmo e sobre as relações interpessoais?

Como você poderia se expressar de maneira mais clara ou aberta no futuro?

BENEFÍCIOS DESSE EXERCÍCIO

Melhora da empatia e compreensão mútua: ao assumir ambos os papéis, você aprende a entender diferentes perspectivas, o que é fundamental para melhorar as relações sociais.

Processamento emocional: expressar sentimentos e pensamentos ajuda na elaboração emocional de experiências dolorosas, reduzindo o sentimento de solidão.

Desenvolvimento de habilidades de comunicação: a prática de verbalizar emoções e responder a elas fomenta a assertividade e a clareza na comunicação.

Autoconhecimento: a análise do próprio comportamento e das reações emocionais aumenta a autoconsciência, crucial para interações sociais saudáveis.

Redução do isolamento: compreendendo melhor as dinâmicas sociais e suas próprias reações, você se sente mais confiante para buscar e manter relacionamentos significativos.

Se realizar esse exercício sempre que se vir em situações que lhe provoquem o sentimento de não fazer parte de um grupo ou de ser muito complicada a interação com outros seres humanos, você desenvolverá uma maior capacidade de se conectar com os outros, compreendendo melhor a si mesmo e às dinâmicas interpessoais. Isso é essencial para superar a solidão e construir relações mais gratificantes.

SOLIDÃO OU REVOLTA?

Já vimos que, em meio à frenética evolução tecnológica, surge uma contradição curiosa: a capacidade de estarmos sempre conectados e, ainda assim, nos sentirmos isolados em um abismo de solidão. Essa solidão paradoxal, nascida justamente da virtualidade que temos visto neste capítulo, revela-se como um fantasma que assombra nossas interações digitais, subtraindo delas o calor humano essencial.

A tecnologia, em alguma medida, parece ter ligado os humanos ao mesmo tempo que cria uma solidão filha da virtualidade. Entretanto, embora não seja uma tarefa simples aliviar a solidão e os sentimentos negativos que ela traz, é algo extremamente necessário.

A esta altura, aposto que tem leitor dizendo: "Ah, eu nasci sozinho, vou morrer sozinho e sei muito bem ficar sozinho".

Para, bebê! Para, porque essa ideia do "eu me basto" revela-se mais como um reflexo do seu narcisismo do que um espelho da sua fortaleza. A solidão não é apenas uma dor emocional; ela tem implicações concretas na saúde física das pessoas. A revista científica *The Lancet*, em um estudo de 2021, estabeleceu uma correlação entre solidão e sintomas depressivos, apontando para um ciclo vicioso em que uma coisa alimenta a outra. Além disso, o estresse emocional causado pela solidão tem sido associado a uma diminuição da imunidade e a uma série de outros problemas de saúde que prejudicam o bem-estar.

É por isso que o autoconhecimento, nas horas em que a solidão vem à tona, surge como um farol na escuridão, permitindo baixar esses níveis de estresse. Afinal, quem se autoconhece identifica o que torna o momento de solidão tão angustiante. Para muitos, os gatilhos de tristeza pelo fato de estar só podem ser ativados por coisas bem simples e aparentemente inofensivas, como a chegada de datas comemorativas ou aniversários de eventos marcantes, tipo dia dos namorados, dia das mães, dos pais, Natal ou mesmo o aniversário de um relacionamento que terminou.

E é nesse ponto que você precisa ter cuidado, leitor, porque não é raro acontecer de algumas pessoas se sentirem profundamente solitárias mesmo com amigos e familiares dando suporte. E isso acontece porque a ausência de uma pessoa específica acaba impedindo que a importância de todas as outras que estão ali, tão perto, seja percebida ou valorizada. Por isso, dar valor às pessoas que estão ao nosso redor, mesmo que não seja quem nós gostaríamos, pode ajudar, e muito, a aliviar o sentimento de solidão. Então, pare de ranger os dentes pelo que você não tem ou não pode ter e encontre prazer no que lhe é oferecido pela vida, como os amigos que você tem, os parentes, os colegas de trabalho, a vizinha a quem você (fechado na sua bolha) nunca dá bom-dia.

O que estou dizendo é que, se você está sofrendo por se sentir uma pessoa muito sozinha, vale se perguntar até que ponto você talvez esteja cego para a existência de uma porção de pessoas que estão bem aí do seu lado, prontas para dividir experiências com você. Mas você se recusa a ver ou a usufruir disso porque fica preso na birra de não ter o seu filho que foi morar em outra cidade, o parceiro que você amava e que lhe deixou, seus pais que já partiram etc.

Acorde; sua solidão pode ser só revolta. A vida não é como a gente quer, e daí? Nisso você não é privilegiado, pois todos temos os nossos lamentos e é essencial entender que a revolta pelas injustiças da vida não é exclusiva de ninguém; ela é uma faceta da experiência humana. Cuide de fortalecer os laços de afinidade que estão ao seu redor em vez de se autodestruir por não conseguir fazer o luto daquilo, ou daquela pessoa, que lhe falta. Ter esse autoconhecimento, sem dúvida, alivia muito o mal-estar causado pela solidão.

Se você acredita que não há uma forma de se libertar dessa solidão, filha da revolta, trocar o "sentir-se solitário" pelo "fazer-se solidário" é a melhor saída. O envolvimento em atividades voluntárias não só oferece uma conexão com outras pessoas como proporciona experiências que aliviarão a sua revolta. Além de diminuir a solidão, esse tipo de prática pode trazer mais felicidade e satisfação para a sua vida porque o levará a compreender o quanto você tem, mesmo quando lhe parece pouco. Dar-se conta disso ajuda a quebrar a dor da solidão, porque nos ensina a sermos gratos pelo que temos e muitas vezes nem percebemos. Ajudar os outros pode mudar imediatamente sua perspectiva e visão de mundo.

Em outras palavras, se você está chorando por se sentir sozinho, levante-se e vá enxugar as lágrimas dos outros. O seu umbigo não é coletivo, mas os problemas do mundo são de todos nós. Pense nisso!

■ ■ ■

Um sussurro suave, parecendo som de água escorrendo sobre metal aquecido, me arrancou do transe diante da tela do computador. A sombra, acomodada na poltrona à minha frente, parecia oscilar, como se estivesse em estado constante de formação e desfazimento.

— Ah, Solidão, por um momento me perdi nos meus pensamentos e quase esqueci da sua presença — falei, me esforçando para manter a cortesia na voz.

— Não é necessário que se lembre de mim, senhor psicólogo — respondeu ela, com uma calma que mais parecia desprezo. — Eu existo além das fronteiras do tempo e da memória humana, uma companheira silenciosa nas sombras da existência. Essa sou eu!

Refleti sobre suas palavras e reconheci que havia verdade nelas. A solidão não era mera consequência de estar sozinho; ela era uma entidade que habitava os recessos da alma, surgindo em momentos de isolamento involuntário.

— Você está certa, Solidão. Você é mais do que um sentimento passageiro; você é, desde que nascemos, uma reflexão sobre nossa própria natureza humana.

A sombra pareceu contemplar minhas palavras, e então, com uma serenidade quase tangível, começou a se dissipar, como névoa sob o sol da manhã.

— Vamos nos reencontrar em breve, senhor psicólogo — despediu-se ela, sua voz agora não mais do que um eco distante.

Com essas palavras, a sombra se desfez completamente, deixando para trás um silêncio pensativo, um lembrete da inevitável reunião com a minha própria solidão.

Agora é hora de você, leitor, ficar um pouco com a sua solidão e refletir sobre tudo o que leu até agora. Nos reencontramos no próximo capítulo.

03

E SE VOCÊ ENVELHECER SÓ?

QUAL A CHANCE DE, NUMA CIDADE COM AS DIMENSÕES de São Paulo, pegarmos, por puro acaso, o mesmo carro de aplicativo duas vezes? Sentado em meu escritório, diante do computador, pensamentos sobre coincidências e destinos cruzados preenchiam minha mente.

Minhas lembranças voltaram a um domingo à tarde, repleto de risos, café e confidências na casa de um amigo, quando essa casualidade me surpreendeu. Ao entrar em um carro de aplicativo que me levaria de volta para casa, senti que havia algo de familiar ali. Reconheci o motorista, um senhor de idade, pela boina xadrez e pela barba longa e alva, que o fazia parecer um Papai Noel urbano.

Comentei que já havíamos compartilhado uma jornada e disse que tinha achado aquela coincidência extraordinária, especialmente considerando a vastidão de São Paulo e a distância entre os dois pontos de nossos encontros. Ele sorriu, revelando que percorria a cidade sem limites de bairros ou regiões, e reconheceu que também estava surpreso, pois nunca havia repetido um passageiro até aquele dia.

Como o mês de janeiro estava começando, a conversa naturalmente fluiu para as festividades de fim de ano. Notei que a voz dele, antes animada, ganhou um tom melancólico ao mencionar que passara as datas festivas sozinho em sua casa. Movido pela curiosidade e empatia, indaguei sobre sua família. Foi então que ele desenrolou o novelo de sua vida.

Ele me falou dos filhos, que agora residem nos Estados Unidos com a mãe, depois que o casal enfrentara um doloroso divórcio. Contou que, um ano depois da separação, viveu um romance que nasceu em um baile para pessoas 60+, mas depois de algum tempo esse amor também terminou. Sua voz ficou embargada ao revelar que era formado em engenharia elétrica, mas depois da pandemia havia sido desligado da empresa na qual trabalhava e, por conta da idade, não conseguia se recolocar no mercado de trabalho, e isso o havia forçado a migrar para o mundo dos aplicativos de carro e, para sobreviver, transportar desconhecidos.

A tristeza do homem ficou ainda mais explícita quando, já no final da corrida, ele acrescentou que sempre sonhara com uma velhice compartilhada, mas que agora vivia em uma casa que se tornara grande e vazia demais. Um espaço de que ele não sentia qualquer ânimo para cuidar. A solidão era sua única companhia constante, violenta e implacável. Comovido, desci do carro sentindo o peso daquela conversa.

Sentado diante do meu computador, me vieram lembranças desse dia. Fiquei tentando digerir a profundidade daquela experiência humana tão intensamente compartilhada em uma simples viagem de carro. Me impressionava pensar que, mesmo a solidão sendo um tema que sempre fez parte da humanidade, hoje em dia, com a conectividade da tecnologia e com grandes cidades cada vez mais cheias, nos sintamos cada vez mais sozinhos e pequenos, justamente por falta de contato pessoal e presencial.

A solidão, portanto, deixou de ser um estado emocional e se tornou o sintoma de uma procura mais profunda por significado e conexão, em um mundo no qual todos se buscam, mas ninguém se encontra.

Nesse cenário, as pessoas de um modo geral, e os idosos de maneira ainda mais intensa, se percebem como uma pequena ilha de solidão, navegando num oceano infinito onde nada se avista. E é aqui que começa um novo tipo de batalha: a luta para reafirmar que existe um significado na nossa própria existência e que é possível desmontar a armadilha da solidão. Mas como implementar essa fuga, quando se fica mais velho e se está sozinho?

Respirei profundamente, buscando alívio do peso opressivo de meus pensamentos. Quando reajustei meus óculos, uma sombra emergiu no canto do escritório, semelhante a uma fumaça escura exalada pelo escapamento de um carro. Essa mesma sombra, que antes atormentava o coração de um motorista de aplicativo, agora se materializava diante de mim. A Solidão, com sua presença quase zombeteira, dançava no centro do aposento.

Irritado, encarei a figura ondulante:

— Solidão, você é uma entidade terrível... implacável na vida das pessoas. Você deveria aprender o que é compaixão!

Com movimentos fluidos como fumaça, a sombra se aproximou, acomodando-se na poltrona à minha frente.

— Ah, senhor psicólogo, você me interpreta mal. Sou mais do que a simples dor que você vê. Já considerou que posso ser uma libertação ao invés de uma prisão?

— Como pode ser? Você representa a ausência, o vazio que todos tentam preencher.

A sombra pulsava, expandindo-se e se contraindo como um coração batendo, antes de responder.

— Precisamente. Sou o espaço vazio. No silêncio da minha existência, tiro do homem a ilusão de que ele é todo-poderoso. O confronto comigo revela o quanto as pessoas são frágeis e orgulhosas. Você há de concordar comigo: eu sou o caminho para a liberdade, porque, em mim, vocês conseguem ver como a vida é passageira, e encaram a realidade de que são seres limitados. Eu coloco fim na arrogância dos que se acham deuses.

— Basta, Solidão! Seus argumentos não me convencem. É muito arrogante da sua parte sugerir que o crescimento humano depende da sua existência. Parece mais uma desculpa para justificar o sofrimento que você causa.

— Não criei a dor, psicólogo. Ela é algo que faz parte do ser humano, uma realidade que não se pode evitar. Eu sou apenas o palco onde essa dor aparece com mais força. Claro, não posso afirmar que é impossível obter o crescimento sem mim, mas tenho certeza de que é muito mais desafiador ao espírito humano crescer sem a minha presença. Sou como a noite que precede o amanhecer do dia. Na escuridão, a procura pela luz fica mais intensa, desesperada e importante.

— O problema é que, mesmo que tudo o que você está dizendo seja verdade, muitos acabam se perdendo em você, Solidão, e jamais encontram o caminho de volta. Pense no tamanho do dano que causou àquele motorista idoso. Você acha que uma pessoa que vive uma velhice solitária daquele jeito teria alguma arrogância?

— Eu sei onde você pode encontrar a resposta para essa sua questão. Já ouviu falar no dilema dos porcos-espinhos? Foi escrito por um antigo admirador meu, o filósofo alemão Schopenhauer. Descubra essa história e dará um fim à sua inquietação sobre o envelhecer solitário.

Com essas palavras, a sombra, do mesmo jeito que aparecera, começou a se dissipar, evanescendo como fumaça escura de uma velha locomotiva. Restamos apenas eu, o silêncio e um enigma.

ENTRE ESPINHOS E ABRAÇOS: O LEGADO DAS AMIZADES QUE DESAFIAM O TEMPO

Se você é curioso como eu, já está querendo descobrir o que é o tal dilema dos porcos-espinhos. Pois bem, vamos juntos tentar entender o que Solidão quis nos contar ao sumir deixando esse enigma no ar. E mais... como isso poderia ter ajudado o motorista de aplicativo que me atendeu a ter uma velhice menos solitária?

Já fiz a pesquisa e vou compartilhar com você.

A fábula de Arthur Schopenhauer conta que, durante o inverno, um grupo de porcos-espinhos se reuniu para se aquecer e se proteger do frio. No entanto, à medida que se aproximavam uns dos outros para compartilhar o calor, começavam a se ferir com os espinhos. A dor os fazia se afastar, mas, assim que voltavam a sentir frio, tentavam se aproximar novamente. Eles se viram, então, diante de um dilema: se ficassem muito próximos acabavam se machucando, mas se ficassem muito distantes congelariam. A única saída seria os porcos-espinhos encontrarem uma distância ideal, na qual pudessem se aquecer sem se ferir muito.

Schopenhauer usa essa história para mostrar como é a nossa condição humana. No fundo ele está tentando nos dizer que, assim como os porcos-espinhos, as pessoas querem a proximidade e o conforto nas relações sociais, mas frequentemente são feridas ou magoadas por essas mesmas relações. A fábula reflete a tensão entre a necessidade de intimidade e o desejo de evitar a dor emocional. Como aquelas pessoas que se recusam a se apaixonar por medo de se machucarem, mas ao mesmo tempo sofrem por viverem sozinhas.

Num mundo marcado por relações humanas tão complicadas e pessoas cada vez mais sozinhas, a fábula dos porcos-espinhos pode ser entendida como um farol que nos ensina, por meio da dança cautelosa dos porcos-espinhos sob o frio invernal, uma verdade que transcende as eras: a busca incessante por calor humano em meio à inevitável dor das relações próximas.

Sim, leitor, a solidão dói, mas conviver com outras pessoas também nos fere em muitos momentos, e precisamos aprender a viver em harmonia com essa realidade. Sobretudo porque, à medida que vamos envelhecendo, somos obrigados a encarar uma série de despedidas. As chamas ardentes dos amores vão se acabando pela indiferença ou por desavenças. Casamentos que imaginávamos indestrutíveis podem desmoronar quando são colocados à prova com as realidades difíceis da vida. E os filhos, de quem cuidamos e a quem nos dedicamos com tanto amor, um dia crescem e vão viver suas próprias vidas, deixando o ninho vazio.

Por tudo isso, a velhice pode, sim, trazer essa sensação de estarmos cada vez mais sozinhos conforme o tempo passa. No entanto (e é isso o que Solidão parece ter dito em seu enigma), a fábula dos porcos-espinhos traz a solução para escaparmos dessa armadilha do destino: as amizades.

Os nossos amigos são verdadeiros companheiros de jornada, como estrelas que nos ajudam em nossos passos na noite escura. Eles são o calor de que precisamos em meio ao inverno da existência, trazendo conforto, sem os espinhos dolorosos. Cultivar amizades é plantar um jardim no qual as flores conseguem desabrochar, mesmo sob o sol escaldante da vida, proporcionando beleza e perfume quando mais precisamos. Era isso o que faltava na vida daquele motorista: amigos que tivessem envelhecido ao seu lado.

E não se engane, leitor, achando que talvez a narrativa desse condutor de carro de aplicativo seja um fato isolado, porque não é. Eu poderia encher este livro de exemplos que me chegam de diferentes partes do mundo. Para não ser repetitivo, escolhi um dos e-mails que recebi. É de um seguidor do meu canal *Nós da Questão*, no YouTube.

> Escrevo-lhe hoje movido por um sentimento que tem crescido em mim e que sinto a necessidade de compartilhar com alguém que possa entender e talvez me orientar. Trata-se de um medo que tem me acompanhado silenciosamente, o medo da solidão na velhice.
>
> Há alguns anos, enquanto estudava em Londres, tive a oportunidade de viver na casa de uma senhora chamada Samantha. Ela era uma pessoa extraordinária, vivendo sozinha em sua idade avançada, sem familiares ou amigos próximos. Durante o ano e meio em que morei com ela, de alguma forma, tornei-me seu companheiro de vida cotidiana. Nossos dias eram compartilhados entre refeições, programas de televisão, idas ao mercado, e até mesmo visitas a museus e espetáculos. Era uma convivência simples, mas profundamente significativa.
>
> Samantha, apesar de sua força e independência, carregava em seus olhos a dor da solidão, uma dor que se tornou mais evidente para mim no momento de minha partida. Ao me despedir, ela me deu uma cópia das chaves de sua casa, dizendo: "Esta casa também é sua. Por favor, volte sempre

que quiser". Suas palavras, carregadas de afeto e solidão, tocaram-me profundamente. Por um ano e meio, pude aliviar um pouco da sua solidão, mas, ao partir, senti o peso do vazio que deixei para trás.

Esse período ao lado de Samantha me marcou de uma maneira que ainda estou tentando compreender. Hoje, aos 30 anos, encontro-me refletindo sobre minha própria vida e futuro. O medo de envelhecer sozinho, sem ninguém ao meu lado, sem alguém para compartilhar os pequenos e grandes momentos, tem se tornado cada vez mais presente. Samantha me mostrou a importância da companhia, do carinho e do compartilhamento de experiências, mas também me fez temer a possibilidade de uma velhice solitária.

Compartilho esses sentimentos com você na esperança de encontrar alguma orientação, de como posso enfrentar e, quem sabe, superar esse medo. Como posso construir uma vida que, ao chegar na velhice, eu não me veja refletido na solidão que vi nos olhos de Samantha? Como posso garantir que, ao envelhecer, eu tenha ao meu lado pessoas que me amem e se importem comigo, assim como eu me importei com Samantha?

Agradeço profundamente por sua atenção e paciência em ler este e-mail.

Era exatamente sobre isso que a Solidão falava em seu enigma. A arte de criar relações sólidas com pessoas que envelheçam ao nosso lado é um desafio que requer não apenas o entendimento da natureza humana — como na fábula dos porcos-espinhos —, mas também a coragem de se expor, de se tornar vulnerável. Quando aceitamos esse risco, entramos numa dança delicada entre a proximidade e a distância necessária. É aí que se encontra a verdadeira amizade.

As amizades, cultivadas com cuidado e carinho, tornam-se nosso abrigo contra a solidão na velhice. Claro! Elas vão se tornando testemunhas da nossa história, e é com os amigos que compartilhamos risos, lágrimas, fracassos e sucessos. E, quando os caminhos da vida querem nos levar para rotas solitárias, são os amigos que permanecem, oferecendo um porto seguro onde o coração pode ancorar.

O segredo aqui, leitor, é levar sempre no coração a lição dos porcos-espinhos: a proximidade traz calor, mas requer a sabedoria do equilíbrio. O meu desejo é que todos nós possamos aprender a cultivar amizades verdadeiras, que possam envelhecer conosco, transcendendo as paixões efêmeras e os laços temporais de uma existência fugaz.

No final, talvez a única forma de escaparmos da velhice solitária seja através do calor eterno das almas que escolhemos chamar de amigos.

O JARDIM DAS AMIZADES

Depois disso, talvez você me pergunte: "Certo, entendi a necessidade de termos amigos. Mas como fazer isso?".

É preciso saber plantar e cultivar o jardim das amizades. Para ajudar você nessa tarefa, proponho agora uma reflexão sobre a qualidade e a profundidade das amizades que tem hoje. Com isso você vai criar uma importante perspectiva sobre como essas relações podem evoluir ao longo do tempo.

Enquanto estiver respondendo às perguntas a seguir, seja o mais honesto possível. Cada resposta terá um valor em pontos, cuja soma, ao final, revelará insights sobre o futuro de suas conexões sociais na velhice.

1. *Com que frequência você se comunica com seus amigos?*
   - ☐ **Todos os dias** (4 pontos)
   - ☐ **Algumas vezes por semana** (3 pontos)
   - ☐ **Algumas vezes por mês** (2 pontos)
   - ☐ **Raramente** (1 ponto)

2. *Quando você tem um problema, sente que tem amigos a quem pode recorrer?*
   - ☐ **Sempre** (4 pontos)
   - ☐ **Na maioria das vezes** (3 pontos)
   - ☐ **Às vezes** (2 pontos)
   - ☐ **Nunca** (1 ponto)

3. *Você e seus amigos se esforçam para se encontrar pessoalmente?*
- ☐ **Sim, regularmente** (4 pontos)
- ☐ **De vez em quando** (3 pontos)
- ☐ **Raramente** (2 pontos)
- ☐ **Nunca** (1 ponto)

4. *Você se sente genuinamente feliz pelo sucesso de seus amigos?*
- ☐ **Sempre** (4 pontos)
- ☐ **Na maioria das vezes** (3 pontos)
- ☐ **Às vezes** (2 pontos)
- ☐ **Raramente ou nunca** (1 ponto)

5. *Quão frequentemente você compartilha experiências pessoais profundas ou suas vulnerabilidades com os amigos?*
- ☐ **Muito frequentemente** (4 pontos)
- ☐ **Ocasionalmente** (3 pontos)
- ☐ **Raramente** (2 pontos)
- ☐ **Nunca** (1 ponto)

6. *Você acredita que seus amigos o conhecem verdadeiramente?*
- ☐ **Completamente** (4 pontos)
- ☐ **Bem** (3 pontos)
- ☐ **Superficialmente** (2 pontos)
- ☐ **Quase nada ou nada** (1 ponto)

7. *Quão diversificado é o seu círculo de amizades em termos de interesses e vivencias?*
- ■ Muito diversificado (4 pontos)
- ■ Diversificado (3 pontos)
- ■ Pouco diversificado (2 pontos)
- ■ Nada diversificado (1 ponto)

8. *Você confia em seus amigos para apoiá-lo em momentos difíceis?*
- ■ Totalmente (4 pontos)
- ■ Em grande parte das vezes (3 pontos)
- ■ Parcialmente (2 pontos)
- ■ Nada (1 ponto)

9. *Quão confortável você se sente sendo você mesmo perto dos seus amigos?*
- ■ Completamente confortável (4 pontos)
- ■ Confortável (3 pontos)
- ■ Um pouco confortável (2 pontos)
- ■ Nada confortável (1 ponto)

10. *Você tem amigos com quem imagina compartilhar sua vida à medida que envelhece?*
- ■ Sim, muitos (4 pontos)
- ■ Alguns (3 pontos)
- ■ Poucos (2 pontos)
- ■ Não, nenhum (1 ponto)

AVALIAÇÃO DO RESULTADO

Se você fez de 34 a 40 pontos: *jardim florido.* Você está cultivando um belo jardim de amizades que provavelmente florescerá na velhice. Suas relações são profundas, significativas e mútuas, sugerindo que não envelhecerá sozinho.

Se você fez de 23 a 33 pontos: *jardim em crescimento.* Você tem boas bases de amizade, mas ainda há espaço para fortalecê-las e diversificá-las. Concentre-se em aprofundar essas conexões e em se abrir para novas amizades.

Se você fez de 12 a 22 pontos: *jardim necessitando de cuidados.* Suas relações talvez sejam superficiais ou não tão fortes quanto poderiam ser. Aproveite esse momento importante para refletir sobre como você pode nutrir amizades existentes ou cultivar novas.

Se você fez 10 ou 11 pontos: *solo árido.* Você corre o risco de enfrentar a solidão na velhice. É crucial começar a semear novas amizades agora, procurando pessoas com interesses e valores compartilhados, e estar aberto a construir conexões profundas.

Independentemente da pontuação que obteve, lembre-se de que nunca é tarde para cultivar novas amizades ou revitalizar as antigas. E, antes que você me diga que fazer amigos pode ser algo desafiador para muitas pessoas, vou sugerir algumas estratégias que podem facilitar esse processo.

1. **Seja aberto e acessível:** para fazer novos amigos, é importante se mostrar aberto a novas conexões. Isso significa estar disposto a sair da sua zona de conforto e participar de novas atividades. Além disso, seja alguém convidativo: mantenha uma linguagem corporal aberta, sorria e faça contato visual, pois isso torna você mais acessível e interessante.

2. **Ouça ativamente:** mostrar genuíno interesse pelas pessoas é crucial na construção de amizades. Pratique a escuta ativa, o que significa ouvir mais do que falar, fazer perguntas para entender melhor a outra pessoa e refletir sobre o que foi dito, demonstrando que você valoriza a conversa.

3. **Compartilhe interesses comuns:** encontrar grupos ou eventos baseados em hobbies ou interesses comuns pode ser uma excelente maneira de conhecer gente nova e fazer amigos. Ou seja, busque ambientes onde é possível encontrar pessoas com interesses similares aos seus. Isso aumenta a chance de conhecer alguém com quem você tenha afinidade.

4. **Seja você mesmo:** a autenticidade é essencial na formação de relações verdadeiras. Não tente ser alguém que não é apenas para agradar aos outros. Amigos de verdade apreciarão você pelo que você é. Ser honesto sobre seus valores e crenças ajuda a atrair pessoas que compartilham da sua visão de mundo.

5. **Dê o primeiro passo:** não espere sempre que os outros tomem a iniciativa. Convide para um café, sugira um encontro para fazer uma atividade em comum ou simplesmente envie uma mensagem para perguntar

como a pessoa está. Muitas vezes as pessoas se sentem tão inseguras quanto você para fazer novos amigos, então tomar a iniciativa pode ser muito bem-vindo.

6. **Lembre-se de que a amizade é uma via de mão dupla que exige esforço, tempo e paciência de ambos os lados:** seja paciente e dê tempo ao tempo, pois construir conexões significativas não acontece da noite para o dia. A amizade é como um jardim que requer paciência e cuidados constantes. Pense nisso!

ANTES DA VELHICE, UMA VIDA

Já sabemos que as amizades são essenciais para evitar a solidão na velhice, destacando a força de conexões verdadeiras contra a sensação de isolamento nos anos de mais maturidade. No entanto, a caminho da velhice, enfrentamos muitos desafios, incluindo a violência da solidão, que também se abate sobre os que ainda possuem juventude, adoecendo a todos. Pesquisas indicam que a solidão ao longo da vida pode ter impactos significativos na saúde física e mental das pessoas.

Em 2020, uma equipe de pesquisadores da Universidade de Cambridge, juntamente com colegas da Universidade de Viena, empreendeu uma análise meticulosa em laboratório envolvendo um grupo de trinta mulheres. Essa investigação revelou que alguns indivíduos, quando submetidos a oito horas de solidão, apresentaram níveis de exaustão comparáveis ao impacto físico de um jejum alimentar com essas mesmas oito horas. O estudo foi replicado em um contexto mais amplo, envolvendo 87 participantes distribuídos por três diferentes países. Nos dois experimentos, a confirmação: a solidão provoca, de fato, efeitos físicos e psicológicos bastante negativos sobre a saúde das pessoas.

Outras pesquisas, conduzidas pelo cientista canadense Nathan Spreng, revelaram uma conexão preocupante entre a solidão crônica e um aumento significativo no risco de desenvolvimento da doença de Alzheimer. O estudo aponta para uma maior atividade em uma região específica do cérebro em indivíduos que experienciam longos períodos de isolamento. Essa região cerebral é responsável por processos de imaginação e memória autobiográfica, permitindo que as pessoas mergulhem em pensamentos sobre si mesmas e suas experiências passadas.

Curiosamente, a solidão prolongada faz as pessoas pensarem mais nas amizades e relações que não têm mais, entrando num ciclo de ficar lembrando coisas que aconteceram no passado. Esse jeito de olhar para dentro de si e de pensar no que já passou não mostra apenas o quanto queremos estar junto dos outros, mas, de acordo com Spreng, pode até, inadvertidamente, potencializar essa região cerebral. É um achado importante porque mostra que a atividade intensificada nessa região é associada a uma maior predisposição para a doença de Alzheimer.

A ligação entre solidão, atividade cerebral específica e Alzheimer destaca a importância de entendermos como a maneira como interagimos com os outros e lidamos com as nossas emoções pode influenciar diretamente nossa saúde mental. A pesquisa de Spreng não só acrescenta o que sabemos sobre o que pode aumentar o risco de Alzheimer mas também mostra o quanto é importante ter estratégias de prevenção focadas em manter a saúde mental e as relações com outras pessoas. Afinal, isso é essencial para conservar a mente saudável e evitar doenças que afetam o cérebro com o passar do tempo.

Além disso, o isolamento social tem sido associado a alterações comportamentais, emocionais e cognitivas significativas, afetando o desenvolvimento social e intelectual desde a infância até a idade adulta. Estudos feitos em orfanatos mostram que vivenciar a falta de contato social nos primeiros anos de vida pode afetar o cérebro e também a forma como nos relacionamos com os outros, causando problemas de desenvolvimento que podem nos acompanhar até a vida adulta.

A solidão não discrimina por geração, gênero, idade ou etnia, tornando-se uma constante universal na vida dos seres humanos. Isso significa que precisamos prestar atenção aos riscos que ela traz para a saúde em diferentes momentos da nossa jornada.

Portanto, caro leitor, independentemente do estágio da vida em que você se encontre agora, saiba que é urgente a necessidade de adotar práticas que ajudem a evitar o isolamento, buscando um bem-estar completo e uma conexão mais profunda com as pessoas à sua volta.

Diante disso, preste atenção em algumas estratégias que podem ajudá-lo a enfrentar os momentos de solidão.

1. Investigue o motivo do seu isolamento social

A solidão pode ser um reflexo de circunstâncias externas, como o desemprego, o término doloroso de um relacionamento, a perda de conexões sociais após a aposentadoria ou o desafio de se estabelecer em um novo ambiente sem laços de amizade preexistentes. Entretanto, é fundamental que você seja capaz de se questionar sobre suas causas internas, que fazem parte da sua personalidade, como a dificuldade de aceitar o jeito de ser ou a maneira de pensar dos outros, sua falta de cordialidade ou o fato de ser uma pessoa mais rígida. Esses comportamentos podem ter criado rupturas nas relações com outras pessoas.

Em muitos casos, a solidão é fruto das próprias barreiras que construímos, por causa de nossa relutância em flexibilizar nossas expectativas e comportamentos em prol da convivência social. Reconhecer isso é crucial, pois, quando você identifica os motivos do seu isolamento, está dando o primeiro passo na sua evolução pessoal.

É no processo de introspecção e autoconhecimento

que se revela a importância de compreender que, embora o mundo nem sempre se molde aos seus desejos, a capacidade de se adaptar e a resiliência podem lhe guiar a uma existência menos solitária e mais harmoniosa. Pense profundamente sobre isso e, se você achar que pode lhe ajudar, registre por escrito as causas do seu isolamento. Ao fazer isso, você começará a caminhar rumo a uma transformação significativa, aprendendo a sentir o mundo tal como é, em vez de afundar em lamentos sobre como gostaria que as coisas fossem.

2. Cuide de você, apesar da tristeza

A solidão costuma aparecer com uma boa carga de melancolia. É preciso cuidado, porque ela tem o poder não apenas de nos invadir, mas de nos levar a negligenciar nosso próprio cuidado. Começamos a questionar coisas como o sentido da vida, ou nos perguntamos se nossa existência vale mesmo a pena. Isso porque viver, no fim das contas, tem a ver com ir além de nós mesmos e encontrar conexões com outras pessoas, procurando nos relacionamentos um lugar para dividir sentimentos e vivências. Quando não se tem essa troca, é fácil começar a questionar o valor da vida.

Diante do abismo que a solidão escava em nosso íntimo, cabe a você, leitor, gritar dentro de si: resista! Nos momentos em que a solidão ameaçar a sua paz interior, é essencial se esforçar e resistir ao impulso do recolhimento, mantendo vivo o compromisso com o autocuidado. Force-se a se exercitar, a alimentar-se adequadamente, a cuidar da aparência e do lar. Essas são práticas fundamentais para que você possa se contrapor ao sentimento de desesperança.

A negligência durante períodos de isolamento só aprofunda o fosso da alienação social, distanciando-nos ainda mais dos outros e da nossa essência. A maneira como organizamos ou não o espaço à nossa volta e como cuidamos de nós mesmos mostra claramente como o isolamento afeta nosso estado de espírito. Cuidado, porque a solidão tem o triste poder de transformar almas antes radiantes em paisagens de tormenta.

Portanto, quando estiver diante da dor que a solidão possa infligir, não se entregue à negligência consigo mesmo. A solidão mais devastadora é aquela que nos aliena de nós mesmos, na qual a perda da própria identidade atinge o ápice do isolamento.

Se é crucial buscar as raízes de seu isolamento, como falei no item anterior, é fundamental fazê-lo sem jamais abandonar o autocuidado. Isso inclui, também, não negligenciar os pequenos prazeres da vida, aqueles breves momentos de conexão que, embora sejam efêmeros, são capazes de aniquilar a continuidade da solidão. Seja uma conversa breve com um atendente em alguma loja, a troca de sorrisos com um desconhecido que lhe pede uma informação ou um momento inesperado com alguém na academia; essas interações são como fendas de luz atravessando o muro da solidão. Valorizá-las é reconhecer que, mesmo nos abismos mais profundos do isolamento, existem pontes que vão fazer você encontrar a saída.

Enquanto você enfrenta o desafio do seu isolamento, continue se dedicando ao autocuidado e aproveitando os pequenos prazeres da vida. Esses "atos de resistência" não apenas vão lhe proporcionar alívio temporário como servem de orientação na busca de caminhos para se livrar do estado solitário. Você pode e merece se reencontrar no universo colorido da experiência humana compartilhada.

3. Combata a negatividade

Se dermos muita atenção aos sentimentos negativos da solidão, ela ganha o poder de se entrelaçar na nossa essência com suas sombras, e aí começa a florescer um jardim de pensamentos ruins. Esse jardim, alimentado pelo isolamento, cresce em solo fértil, tornando nossa percepção do mundo algo pesado, escuro, difícil. Para combater essas sombras, é preciso iniciar uma jornada de autoconhecimento e transformação.

Para tanto, recomendo fazer um mergulho em si mesmo. Uma reflexão introspectiva para você se perguntar: em quais momentos as sementes da negatividade andam germinando com mais força nos seus pensamentos?

Questione-se sobre as crenças que assombram sua mente: suas visões distorcidas do mundo, seus sentimentos de desesperança, a sensação de inexistência. Ao reconhecer essas vozes internas, coloque tudo isso contra a parede: inicie um processo de contra-argumentação. Procure dentro de si provas que mostrem o contrário daquilo que dizem seus pensamentos negativos, iluminando o escuro deixado pela solidão.

Nesse caminho, você pode preparar um espaço de

positividade, o "Caderninho da Solidão". Nele, em todo final de dia, descreva três situações que lhe trouxeram alguma forma de luz, além de registrar os pensamentos sombrios dos quais você conseguiu se desfazer. Esse exercício não é meramente um ato de escrita, mas um ritual de reconhecimento e celebração da beleza escondida em sua vida, que, embora talvez não perceba neste momento, é bem maior e mais rica do que o estado solitário em que você pode estar agora.

Com o passar dos dias, esse caderno vai se transformar em um ponto de esperança, um resumo de pequenas vitórias sobre a escuridão da solidão. A cada vez que folhear suas páginas, você será capaz de perceber o mar de positividade que faz parte da sua existência, revelando que, por mais sombrio que tudo possa estar, existe sempre espaço para a luz.

Vou repetir para você, leitor, os sábios conselhos de minha avó: quando se encontrar vagando pelas sombras do inferno que a solidão parece ser, não se detenha. Siga em frente! Continue a caminhar, sem parar, porque é atravessando as chamas que a gente alcança a saída. Combater a negatividade que a solidão insiste em nos apresentar não é apenas um ato de resistência; é o caminho para atravessar as labaredas e seguir, forte e renovado, para uma vida de luz.

RESPONSABILIZE-SE POR QUEM VOCÊ É, NÃO PELA FANTASIA DOS OUTROS

Em pleno fevereiro, sob uma árvore que me protegia do sol escaldante do verão paulistano, rodeado por música e alegria, eu observava os blocos de carnaval que serpentavam pelas ruas do centro de São Paulo. A cidade, em sua imensidão, parecia vibrar ao som das melodias que se espalhavam por cada esquina, cada rosto uma máscara, cada máscara um convite para escapar das durezas da realidade que a vida nos apresenta.

Imagino, leitor, que neste ponto você deva estar se perguntando por que, em vez de estar analisando o mundo, eu não estava entregue à folia como todo mundo. A resposta reside na curiosa natureza de minha profissão e na ainda mais curiosa natureza humana.

Enquanto as ruas se enchiam de fantasias coloridas e músicas, eu me via fascinado não pela licença poética do carnaval, mas pelo teatro humano que se desenrolava diante de mim. O psicólogo, esse observador nato das almas, encontra no carnaval não um escape, mas um vasto campo de estudo. A multidão, embriagada pela liberdade do anonimato, revela, sem saber, os mais profundos desejos de suas mentes.

Diante dos meus olhos, através da lente de minha observação, cada folião se tornava um personagem rico em nuances, cada gesto uma pista, cada risada uma hipótese do que aquela pessoa realmente estava sentindo. Enquanto uns se perdiam na multidão buscando esquecer-se de si mesmos, eu me achava cada vez mais, desvendando os mistérios daquela festa tão democrática. Afinal, o que é o carnaval senão uma pausa na realidade, um breve suspiro onde cada um pode ser quem quiser, ou talvez, quem realmente é, mas esconde nos outros dias do ano?

Assim, enquanto a música ecoava pelas ruas, eu tecia em minha mente teorias sobre aquele fascinante experimento social a céu aberto. Por que fugir para o mundo da fantasia quando a realidade se mostra tão rica e intrigante? O carnaval, com suas máscaras e disfarces, não era apenas uma fuga da rotina, mas um convite ao estudo da alma humana em sua forma mais pura e desinibida.

Portanto, leitor, enquanto você talvez me imagine alheio à festa, à minha maneira eu estava tão imerso na folia quanto qualquer outro — não com confete nas mãos, mas anotando mentalmente os caprichos e as liberdades que só o carnaval é capaz de revelar.

■ ■ ■

De repente, ao meu lado, vi formar-se uma fumaça densa e espessa, que tomou a forma de uma sombra alongada. Era ela, a Solidão, que voltou a me visitar, desta vez não como um aborrecimento, mas sim como uma velha conhecida, para mais uma conversa.

— Vejo que observa minha presença entre a multidão. O carnaval é a época em que mais trabalho. As pessoas vestem suas máscaras tentando escapar de mim, mas não percebem que estou mais perto do que nunca!

— Sim — respondi. — Observo a festa e a fuga, mas também consigo ver você, Solidão, entre as risadas e a cantoria.

Ela se inclinou, como se sorrisse, e perguntou:

— E o que descobriu, amigo psicólogo, sobre minha presença no meio da folia?

Foi sem tirar os olhos da multidão que falei:

— Descobri que mesmo no coração do carnaval, quando os corpos se encontram e as almas parecem se misturar, há uma solidão profunda. Muitos vestem máscaras não apenas para brincar, mas para esconder o vazio que sentem. Depositam nas festas a esperança de preencher suas lacunas existenciais, na ilusão de que um par romântico ou os beijos trocados com desconhecidos possam ser a chave para a felicidade eterna.

A Solidão riu, debochada, e eu a encarei, antes de continuar falando:

— Você é ardilosa e as engana, Solidão. Faz as pessoas acreditarem que a saída para escapar de você está nas mãos de outros. Mas a verdade é que não percebem que a verdadeira companhia que elas procuram é a de si mesmas.

Ela então se aproximou de mim e retrucou:

— Não coloque a fuga dos outros na minha conta, psicólogo! Não sou responsável pelo fato de vocês, humanos, projetarem suas fantasias uns nos outros. Se escutassem a si próprios, saberiam que a verdadeira jornada é interna. O carnaval, com suas promessas de euforia e encontros, apenas amplifica a ilusão de que a completude vem de fora, quando, na verdade, deve ser cultivada dentro de cada um.

Nada respondi, até que a Solidão, rompendo nosso silêncio, perguntou, com um toque de provocação:

— Mas, psicólogo, você não acha que há beleza também nessa busca das pessoas, mesmo que ilusória?

— Há beleza, sim, na busca — respondi —, pois compreendo que é no buscar que se vive. Mas há um perigo em acreditar que a felicidade seja um destino a ser alcançado por meio de outro. A verdadeira felicidade, aquela que neutraliza você, Solidão, nasce da aceitação e do amor-próprio, da capacidade de estar só sem se sentir solitário.

A Solidão contemplou a multidão comigo por um momento, e então disse:

— Então, talvez, caro psicólogo, coubesse a você ensiná-los que o Carnaval é um professor disfarçado, ensinando que a alegria verdadeira não está no outro, mas no encontro consigo mesmo. E que é preciso que cada um aprenda a se responsabilizar por si mesmo e pela própria felicidade.

Com um aceno que parecia tanto uma despedida quanto um até logo, a Solidão se dissipou, deixando-me novamente observando a multidão. Mas eu não estava só; fiquei acompanhado de pensamentos que me conectavam a cada pessoa ali presente, cada um em sua própria jornada de encontros e desencontros.

■ ■ ■

Já de volta ao meu escritório, sentado diante do computador, após o encontro com a Solidão, mergulhei em um mar de pensamentos. A conversa que tivemos, rica em revelações, me deixou com muita coisa sobre o que ponderar. No entanto, duas frases ditas pela Solidão ecoavam sem parar em minha mente: "não sou responsável pelo fato de vocês, humanos, projetarem suas fantasias uns nos outros" e "é preciso que cada um aprenda a se responsabilizar por si mesmo e pela própria felicidade". Essas palavras carregavam uma mensagem profunda, uma verdade que merecia ser explorada e compreendida em toda a sua complexidade.

Refletindo sobre o fenômeno dos amores de carnaval, percebi que eles servem como uma metáfora perfeita para a incessante busca humana por algo que preencha o vazio existencial da solidão. Essas paixões efêmeras, embora intensas, não passam de reflexos de uma verdade maior: um medo profundo do abandono. O temor nos leva a crer erroneamente que os outros têm uma espécie de dívida emocional conosco, como se tivessem a obrigação de preencher nossos vazios interiores e de cuidarem dos nossos sentimentos. Essa crença, por sua vez, apenas perpetua um ciclo de mal-entendidos e de mais solidão, fazendo com que nos afastemos ainda mais uns dos outros.

Ao nos apegarmos à ilusão de que os outros têm a responsabilidade de nos completar emocionalmente e de não nos deixar sofrer, caímos em uma armadilha de desilusão e isolamento. A verdade, por mais dura que possa parecer, é que a responsabilidade emocional que muitos dizem que se deve ter para com o outro é um mito. Acreditar nessa fantasia nos condena a uma existência marcada pela solidão, pois nos impede de reconhecer a única verdade capaz de nos libertar: a felicidade e a plenitude emocional são conquistas pessoais, frutos de um profundo trabalho interior e da capacidade de nos responsabilizarmos pelos nossos próprios sentimentos e bem-estar.

Neste momento, imagino que você, leitor, possa estar reagindo com pensamentos do tipo: "como assim não existe responsabilidade emocional com o outro?". Para os que estejam pensando dessa forma, digo apenas: *para, bebê!*

Para! É preciso resistir ao impulso inicial de julgar, então considere de mente aberta os argumentos que vou te apresentar. Por meio de um exame mais aprofundado desse tema, vamos explorar, você e eu, o quanto a autorresponsabilidade emocional não apenas nos fortalece individualmente, mas também pode enriquecer nossas relações, tornando-as mais autênticas e satisfatórias, e numa boa medida nos blindando contra a solidão.

Para que essa nossa conversa fique mais clara, vamos ler o que me escreveu uma seguidora do meu canal, *Nós da Questão*.

Fui casada por vários anos com um homem que, no início, parecia ser a personificação do amor eterno. Ele me prometeu o mundo, jurou fidelidade e companheirismo em frente a Deus, no altar da igreja. No entanto, à medida que os anos passavam, aquele calor e afeto que uma vez nos uniu começaram a esfriar. Lentamente, ele se transformou em uma pessoa grosseira, indiferente, e muitas vezes desrespeitosa. Ele deixou de valorizar minha opinião, perdia a paciência com facilidade e, em muitos momentos, eu me sentia desprezada e sozinha mesmo estando ao seu lado.

Para mim, uma relação amorosa deve ser construída sobre a base sólida do cuidado mútuo, compreensão e valorização do outro. No entanto, o que vivi foi um lento ruir desses pilares, até que ele decidiu pedir a separação. Essa decisão me deixou com uma sensação de vazio e inúmeras perguntas sobre a responsabilidade emocional que devemos ter com aqueles que amamos.

Onde reside a responsabilidade emocional desse homem comigo? Por que alguém se permite entrar na vida de outro, prometendo amor e cuidado, e depois se torna indiferente e causa dor? Como alguém pode ser recebido e acolhido com confiança e amor e depois agir com tamanha irresponsabilidade, deixando para trás mágoas e um profundo sentimento de solidão?

> Hoje, me encontro lutando para curar as feridas deixadas por essa experiência. A solidão que sinto é um buraco sem fim que me consome. Esse homem destruiu minhas expectativas e crenças sobre o que é o amor e o que deveria ser a responsabilidade emocional em um relacionamento.
> Como posso navegar por esses sentimentos de solidão e desilusão? Como posso começar a curar e a reconstruir minha fé nas relações humanas? Acredito na importância da responsabilidade emocional, mas parece que esse tipo de coisa saiu de moda.
> Agradeço imensamente pelos vídeos que você posta no YouTube. Suas palavras têm sido um farol de esperança em meio a esta tempestade emocional.

O interessante no e-mail dessa seguidora é que ele pode ser desdobrado em uma analogia: imagine um paciente que, ao entrar em meu consultório, confessa não mais querer enfrentar o mundo lá fora, perturbado pela crescente violência, pelas mentiras desenfreadas, pela manipulação insidiosa e pelas traições sem remorsos. Não, o paciente não estaria errado em sua percepção: o mundo e o comportamento humano, de fato, abrigam sombras profundas.

No entanto, a questão crucial se desloca: será possível mudar a essência do ser humano, transformar sua natureza e fazer todos serem éticos e respeitosos? A resposta, embora lamentável, é um sonoro *não*. Então, o que a gente faz? A saída é dar um novo significado, encontrar uma forma de adaptação quando não dá para mudar o jeito de ser dos outros.

Vivemos em um mundo cheio de gente que, para o bem ou para o mal, vai seguindo seu próprio rumo, e esse mundo não tem obrigação de nos satisfazer ou proteger emocionalmente. A gente bem que gostaria de viver em um lugar onde todo mundo entendesse a necessidade alheia e se preocupasse com os outros, mas no fim das contas, cuidar do que a gente sente é *nossa* responsabilidade. Não dá para esperar isso dos outros; temos que aprender a cuidar das nossas próprias emoções.

Essa reflexão nos leva a um entendimento mais profundo: somos nós mesmos que permitimos que o outro nos afete emocionalmente. O valor emocional que damos para alguém vem dessa concessão. Compreender isso significa aceitar a responsabilidade pelas nossas próprias emoções, sem esperar que outra pessoa cuide delas para nós.

Pensando aqui agora, me veio o eterno ensinamento de Antoine de Saint-Exupéry no seu livro *O pequeno príncipe*: "Você se torna responsável para sempre por aquilo que cativou"[*].

Certamente você já conhecia essa expressão famosíssima, não é mesmo? Pois, diante do que conversamos até aqui, proponho a você uma reavaliação dessa máxima. Na minha opinião, talvez o pequeno príncipe devesse fazer psicoterapia. Pouca gente pensa no desfecho trágico de sua história, que, mesmo romantizado na literatura, aponta para uma sensação de abandono que vai além da história contada.

---

[*] SAINT-EXUPÉRY, Antoine de. *O pequeno príncipe*. Tradução: Marília Garcia. Cotia: VR Editora, 2024. p. 63.

Não, caro leitor, definitivamente essa conversa de responsabilidade eterna pelo que cativamos é só um mito; cada um de nós é responsável por si mesmo. Todos aprendemos, desde muito cedo, que o mundo não se molda aos nossos desejos ou merecimentos. Reconhecer que a realidade e as pessoas são como são, não como gostaríamos que fossem, é um passo crucial na nossa jornada de autoconhecimento e aceitação de nós mesmos e da nossa solidão.

Não nego a existência de crueldade ou de pessoas que nos ferem; elas são, lamentavelmente, uma realidade palpável. No entanto, aceitar pessoas não implica aceitar suas ações nocivas. Diferenciar a existência do outro de suas ações nos libera para uma existência mais plena, na qual não permitimos que a negatividade alheia dite nossas emoções. Nesse sentido, a responsabilidade emocional por si mesmo se torna um farol, guiando-nos na difícil, mas libertadora, tarefa de nos desvincularmos daqueles que nos prejudicam, seja em nossas vidas ou em nossos corações. É um convite ao reconhecimento de que a mudança verdadeira começa em nós mesmos.

Entre a compreensão da responsabilidade emocional por si mesmo e o medo da solidão, encontramos que a raiz dessa busca incessante por validação e responsabilização dos outros está em nossas inseguranças mais profundas e no medo da rejeição. A sociedade, com suas inúmeras narrativas sobre amor romântico e pertencimento, muitas vezes nos força a buscar fora o que só pode ser verdadeiramente encontrado dentro de nós mesmos.

Nenhuma outra pessoa pode nos completar de maneira que suprima todas as nossas carências emocionais e solidões — e é um processo doloroso e gradual reconhecer isso. A verdadeira jornada rumo à plenitude emocional exige que cada um de nós se volte para dentro, enfrentando e acolhendo nossas sombras, medos e inseguranças.

Quando começamos a nos responsabilizar pela nossa própria felicidade, passamos por uma transformação incrível: aos poucos vamos percebendo que nossa capacidade de estabelecer conexões profundas e significativas com os outros não deriva de uma dependência emocional, mas de um lugar de completa autenticidade e autoaceitação. Nesse estado de autonomia emocional, somos livres para amar verdadeiramente, não porque precisamos do outro para nos sentirmos completos, mas porque escolhemos compartilhar nossa plenitude com ele.

Portanto, quando nos libertamos do mito da responsabilidade emocional dos outros, não apenas aliviamos a carga da solidão que tanto nos aflige, mas também abrimos caminho para um tipo de relacionamento mais profundo e genuíno, baseado não na necessidade, mas na escolha consciente de compartilhar a vida com quem escolhemos.

Então, responsabilize-se por você e pare de jogar sobre os outros suas fantasias de fuga da solidão.

04

A SOLIDÃO
DOS ANESTESIADOS

A LUZ TÊNUE DA TARDE FILTRAVA-SE PELAS CORTINAS, lançando uma espécie de vitral colorido e suave pela sala de atendimentos. O relógio na estante marcava o final de mais uma sessão, e, com um suspiro de alívio e satisfação, observei enquanto meu paciente se levantava, estendia a mão em agradecimento e saía, deixando para trás o espaço seguro que havíamos criado juntos. Por uns instantes, permiti-me absorver o silêncio que se seguiu, um silêncio repleto de palavras ditas e emoções partilhadas.

Foi então que notei algo que me fez congelar, surpreso. Ao lado do divã onde tantos pacientes haviam desfiado angústias, havia uma presença que eu não tinha percebido. Uma sombra, que parecia ter estado ali, tranquila e paciente, durante todo o tempo.

A princípio pensei ser um truque de luz, ou talvez o cansaço que me deixara um pouco confuso. Mas, à medida que meus olhos se ajustavam, a sombra tornava-se mais clara, mais definida. E de repente não tive dúvidas. Era a Solidão que voltara a dar as caras.

Eu não estava acreditando naquela situação. Logo eu, tão treinado para observar as nuances mais sutis do comportamento humano, não tinha conseguido perceber a presença da Solidão? Nem eu nem meu paciente tínhamos notado que ela estivera ali o tempo todo, uma terceira participante silenciosa na nossa sessão.

— Como é possível que você tenha permanecido aqui durante toda a sessão e eu não percebi? — questionei, sem pensar duas vezes.

A resposta não veio em palavras, mas em uma sensação, uma compreensão que se espalhou por mim. Na verdade, a solidão, que está sempre presente na vida de muitas pessoas, por vezes não é percebida por causa da falta que deixa, pelo espaço vazio que ocupa entre as palavras e o silêncio.

— Você esteve xeretando a sessão do meu paciente todo esse tempo? — perguntei, minha curiosidade misturando-se com uma ponta de repreensão pessoal por não ter percebido.

Mais uma vez a resposta foi um silêncio ensurdecedor que ecoava a verdade que eu já conhecia, mas que talvez não quisesse aceitar. A Solidão não era só uma visita casual; ela refletia o isolamento que frequentemente faz parte das nossas experiências de vida.

— O que você quer, Solidão? Por que escolhe permanecer tão perto e ser tão intrometida? — Minha voz, firme no início, tremia com alguma raiva.

A sala encheu-se de uma atmosfera leve. A Solidão, movendo-se para perto de mim, falou:

— Você conhece a história desse paciente tanto quanto eu. Já descobriu por que ele se refugia tanto no trabalho? Aliás, esse vício em trabalho já lhe custou o casamento e o amor dos filhos. Insisto na pergunta, senhor psicólogo: você já sabe por que ele funciona assim?

A Solidão se agitou e, com uma sensibilidade dolorosa, continuou sua fala.

— Ele tenta fugir de mim. Acha que vai conseguir dar conta do vazio que existe nele se sobrecarregando com o trabalho. E ele acredita tanto nessa "fórmula" que mal consegue me perceber. Não me viu durante toda a sessão porque está num tipo de sedação mental. Podemos dizer que ele está... entorpecido pelo vício de nunca parar de trabalhar.

— Mas o trabalho... não é um refúgio válido? Uma paixão que dá propósito à vida? — retruquei, acreditando que o empenho poderia ser uma virtude, não uma fuga.

— Para alguns, talvez seja virtude. Mas no caso do seu paciente é só uma anestesia mesmo. — A voz da Solidão era um eco em minha mente, revelando verdades que eu conhecia, mas às quais nunca tinha dado o nome adequado. — Ele se dedica ao trabalho para não sentir, para evitar encarar o grande vazio da solidão que existe ao seu redor. Quem vê de fora acha que essa dedicação ao trabalho é algo digno de muitos elogios, mas é na verdade um grito silencioso contra a dor da falta que machuca sua alma.

— Então, você está querendo me convencer de que o vício dele pelo trabalho é uma tentativa de se anestesiar? De escapar de você?

— Bravo! Por compreender a maior das obviedades! — O mesmo tom ácido da resposta se manteve quando continuou a falar. — Mas isso não é privilégio apenas dele. Muitos se entregam aos vícios, aos excessos, seja de trabalho, de drogas, de qualquer coisa, numa tentativa desesperada de não me enfrentar. Eles têm medo da solidão, mas não percebem que, enquanto tentam escapar, só se envolvem ainda mais no meu abraço. Eu chamo isso de "a solidão dos anestesiados". É um estado no qual a pessoa está tão focada em fugir que não consegue nem notar que estou ali, mesmo que eu a consuma por dentro.

— Isso significa que eu deveria ter ajudado meu paciente a enxergá-la? A perceber e suportar sua presença? — Minha voz soava estranha aos meus ouvidos, como se uma verdade desconfortável estivesse se desdobrando diante de mim.

A Solidão pareceu contemplar antes de responder.

— Não é questão de me aceitar como um destino, mas de me reconhecer como parte da condição humana. Já falamos sobre isso. Enxergando minha presença, ele poderia ter começado a buscar conexões mais autênticas, em vez de se anestesiar contra a dor que atribui a mim. — Por fim ela sussurrou uma afirmação que parecia carregar uma promessa de libertação e um aviso: — Quem encara a realidade da minha existência não precisa de anestésicos.

Minha conversa com a Solidão mudou a atmosfera. O ambiente foi se enchendo de um peso e clareza que eu nunca tinha sentido antes. Suas palavras, mesmo sem serem ditas da forma mais simples, ecoavam em mim.

Aos poucos, a Solidão foi desaparecendo. Era como se cada palavra que havíamos trocado a fizesse se tornar menos necessária ali, ao meu lado. Ela se dissipava, não para o vazio, mas para o todo — para a trama da existência, para o ar que respiramos, para o espaço entre as estrelas.

E, então, ela sumiu. Naquele momento, de alguma forma, a sala parecia que estava mais ampla, como se a Solidão, ao partir, tivesse deixado atrás de si um espaço aberto para novas possibilidades.

Permaneci sentado, o silêncio agora preenchido por uma presença diferente — a da reflexão. A expressão "a solidão dos anestesiados" era uma nova lente através da qual eu precisava observar os que procuram minha ajuda. Era uma lição sobre a humanidade, sobre a dor e a busca por significado além da anestesia de nossas escolhas diárias.

Enquanto o entardecer avançava, deixando a sala em sombras suaves que se mesclavam com a luz residual do dia, senti-me grato porque a Solidão, em sua partida quase poética, havia me ensinado que, mesmo em sua ausência, oferecia um convite para explorar os espaços vazios dentro de nós. Esses espaços não pedem por fuga, mas por uma compreensão e preenchimento genuínos.

■ ■ ■

Cada vez que tenho um encontro com a Solidão, permanecem tantas coisas interessantes que gosto de trazê-las para refletirmos juntos. Para que possamos aprender a verdadeira lição que ela nos deixou quando ficou invisível durante a consulta com meu paciente, devemos considerar que, na vasta diversidade de pessoas que fazem parte da nossa sociedade, se sentir sozinho não é apenas ficar isolado fisicamente, mas também sentir uma falta bem grande de conexão emocional e psicológica com tudo e todos ao nosso redor.

A "solidão dos anestesiados" é um caminho silencioso que frequentemente acaba levando uma pessoa a buscar uma espécie de "refúgio" que aparece nas várias formas de dependência, seja o vício por trabalhar demais, o uso de substâncias legais ou ilegais, até mesmo comprar compulsivamente ou a obsessão por exercícios físicos. Essas atividades deixam de ser meros hobbies ou responsabilidades cotidianas para se tornar mecanismos de fuga, estratégias de sobrevivência na tentativa de amortecer o peso da solidão.

A ligação que se faz entre a solidão e a busca por algum tipo de vício está na dificuldade que algumas pessoas têm de lidar com o vazio que sentem dentro de si. Para muitos, a solidão é como um buraco negro, que "suga" qualquer forma de alegria ou satisfação, deixando apenas um vazio — que fazemos de tudo para preencher. É nesse cenário que o vício se apresenta como uma solução temporária, uma promessa de alívio e esquecimento, mesmo que momentâneo.

Estudos e pesquisas na área da psicologia e da psiquiatria têm demonstrado uma forte relação entre a solidão e as dependências. Na literatura científica, são muitos os estudos que exploram a relação entre solidão, saúde mental e o uso de substâncias como álcool, cigarro e drogas. A solidão, portanto, não só aumenta o risco de se viciar em algo, mas também piora a situação daqueles que já estão presos nesse ciclo de dependência.

O curioso, e ao mesmo tempo triste, é que a busca incessante por algo que anestesie a dor da solidão leva a um ciclo de dependência que por sua vez leva a um isolamento ainda maior.

Vamos pensar no vício em trabalho, por exemplo, que foi o caso do paciente em questão neste capítulo. O trabalho é frequentemente visto como algo digno de aplausos, como sinal de dedicação e comprometimento. Contudo, nas sombras dessa percepção se esconde a realidade de indivíduos lutando contra a solidão através da imersão total em suas atividades profissionais, muitas vezes pagando um preço muito alto: o de comprometer as relações pessoais e o bem-estar emocional.

Do mesmo modo, a adição por atividades físicas, embora inicialmente possa parecer uma busca saudável por bem-estar, pode facilmente transgredir para uma compulsão, na qual o objetivo deixa de ser a saúde e passa a ser um meio de escapar de uma realidade interior marcada pela solidão.

O vício em substâncias, ou a compulsão alimentar, segue uma lógica parecida: o alívio instantâneo prometido pelo álcool, drogas ou comida vai na verdade se tornando uma ponte sobre o abismo da solidão. Uma ponte frágil e perigosa.

A solidão dos anestesiados é uma busca desesperada por conexão, e fala do medo de enfrentar o próprio eu em sua mais pura essência. É uma luta constante contra o silêncio ensurdecedor que acompanha o estar só, um silêncio que muitos tentam silenciar por qualquer meio possível. Contudo, a verdadeira solução para a solidão não se encontra nas substâncias ou nas obsessões, mas na coragem de enfrentar a si mesmo, de construir pontes genuínas de conexão com outros e, principalmente, de aprender a estar em paz com a própria companhia.

Em última análise, a solidão dos anestesiados reflete a jornada humana em sua busca por significado, por um lugar no mundo que vá além do simples existir. É um lembrete de que, no fim das contas, todos estamos em busca de algo que preencha nossas vidas com propósito e significado, algo que, muitas vezes, começa com a coragem de enfrentar nossa própria solidão.

Mas é preciso notar que, à medida que entramos cada vez mais fundo no ciclo de anestesiar a solidão utilizando os vícios, acabamos nos entregando mais a uma contradição devastadora: cavamos abismos ainda maiores entre o mundo ao nosso redor. Os amigos, a família e a sociedade, inicialmente compreensivos e até mesmo tolerantes, se veem mais impotentes à medida que observam a pessoa anestesiada cada vez mais presa no ciclo de vícios. Em vez de continuarem tendo paciência e dando suporte, essas pessoas começam a sentir frustração e se afastam. E isso não acontece por falta de amor ou preocupação, mas por constatarem que a presença deles não é suficiente para preencher o vazio que o vício tenta, sem sucesso, anestesiar. Ou seja, os que fogem da solidão pela "anestesia" acabam deixados até por quem, naturalmente, estaria mais próximo.

Esse afastamento não é um ato de abandono, mas um mecanismo de autopreservação diante da incapacidade de ajudar alguém que parece cada vez mais distante, perdido em um labirinto de negação e dependência. É pensar algo como "Ora, se eu não consigo ajudar aquela pessoa a buscar um caminho melhor para ela, é melhor que eu me afaste para não sofrer mais".

Para o anestesiado, cada dose, cada hora extra de trabalho, cada quilômetro corrido na esteira da academia, cada copo bebido, é um tijolo a mais no muro que o separa do mundo. Ele pode inicialmente sentir alívio, uma fuga temporária da solidão, mas, conforme o tempo passa, esse alívio dá lugar a uma consciência crescente de isolamento.

A destruição provocada pelos vícios vai além da deterioração física e mental do indivíduo; ela se infiltra nas relações mais preciosas, corroendo a confiança e a intimidade que um dia já uniram as pessoas. O anestesiado, em sua busca desesperada por escapar da solidão, acaba por afastar aqueles que poderiam ser seus maiores aliados na luta contra o isolamento. A ironia amarga dessa trajetória é que, ao tentar evitar a dor da solidão, o indivíduo se encontra em um estado de isolamento ainda mais profundo e intransponível.

A sociedade, com suas normas e expectativas, muitas vezes se mostra intolerante e impaciente diante dos desvios comportamentais. Esse julgamento social adiciona uma camada extra de estigma ao anestesiado, reforçando sua percepção de isolamento e incompreensão. Em um mundo ideal, a compaixão e o apoio seriam incondicionais, mas a realidade é que qualquer tipo de vício ou excesso frequentemente resulta em uma exclusão ainda maior.

Portanto, o que começa como uma tentativa de abrandar a solidão por meio dos vícios evolui para uma jornada solitária, na qual o preço da fuga é a perda daquilo que é essencialmente humano: a conexão com outros. A tragédia dos anestesiados não está apenas na luta contra a dependência, mas na profunda ironia de que, ao buscar alívio para a solidão, eles se deparam com um isolamento ainda mais implacável.

É essencial reconhecer que a verdadeira cura para a solidão não se encontra na fuga, mas no enfrentamento corajoso de nossas dores, medos e vulnerabilidades. Requer a reconstrução de pontes quebradas, a reabertura de canais de comunicação e, acima de tudo, o reconhecimento da própria humanidade e daqueles ao nosso redor.

Para superar a "solidão dos anestesiados", é necessário redescobrir a conexão verdadeira com os outros, aceitar apoio sincero e ter a coragem de ser vulnerável tanto consigo mesmo quanto para com as outras pessoas. Só assim é possível romper o ciclo de isolamento, substituindo-o por uma vida de participação ativa e comunhão em todas as suas formas.

PARE, REFLITA E ESCOLHA

Agora que sabemos que tentar fugir da solidão pode fazer as pessoas se isolarem mais e até agir de forma destrutiva, é hora de sugerir um passo a passo para ver se você está recorrendo a vícios ou agindo por impulso para escapar dos problemas. Seguir este roteiro vai ajudar você a prestar mais atenção no presente, reconhecer seus desejos e pensar antes de fazer algo que pode ser um vício ou uma compulsão. O objetivo é ajudá-lo a tomar decisões mais claras e saudáveis.

1. **Reconheça o impulso**

    Sempre que se deparar com o impulso de se entregar a um comportamento que possa ser viciante ou compulsivo — seja comer sem controle, consumir álcool de maneira imprópria ou em excesso, dedicar-se ao trabalho de forma obsessiva ou permanecer na academia por horas a fio — ou notar que suas ações estão sendo impulsionadas por sentimentos de aflição, angústia ou mesmo tédio, faça uma pausa intencional.

    Pare imediatamente o que estiver fazendo — ou prestes a fazer — e foque a sua respiração. Perceba o ar que entra e sai dos pulmões, permitindo que essa consciência o ancore no presente. Muitas vezes nossos sentimentos nos arrastam para preocupações futuras ou remorsos passados, mas é crucial permanecer ancorado no agora, no único momento em que realmente temos poder de agir.

2. Reflexão consciente

Quando se concentrar na respiração, estabeleça um diálogo interno. Você pode iniciar com o roteiro de questões temáticas a seguir, ou fazer as perguntas que achar mais convenientes.

- Equilíbrio: Como essa atividade afeta o equilíbrio da minha vida? Estou negligenciando outras áreas importantes, como relacionamentos, trabalho ou saúde?
- Controle: Sinto que tenho controle sobre a quantidade de tempo e energia que dedico a essa atividade, ou parece que a atividade me controla?
- Razões para engajamento: Por que estou me envolvendo nessa atividade? É por prazer, para escapar de problemas ou sentimentos ou por algum tipo de recompensa?
- Reações emocionais: Como me sinto depois de participar da atividade? Sinto-me satisfeito e energizado, ou culpado e esgotado?
- Impacto nos objetivos: Essa atividade está me ajudando a alcançar meus objetivos de vida ou está me impedindo de atingi-los?

- **Tentativas de redução:** Já tentei reduzir ou parar essa atividade? Em caso afirmativo, foi difícil? Tive crise de abstinência ou ansiedade quando tentei diminuir ou parar?
- **Consequências negativas:** Houve consequências negativas devido à minha participação nessa atividade, como problemas financeiros, de saúde ou relacionamentos deteriorados?
- **Necessidade versus desejo:** Sinto que preciso dessa atividade para me sentir bem, ou é algo que escolho fazer porque gosto?
- **Flexibilidade:** Sou capaz de me adaptar facilmente se não puder me envolver nessa atividade ou isso causa uma grande perturbação ou desconforto na minha vida?
- **Feedback de outros:** O que as pessoas próximas a mim dizem sobre meu envolvimento nessa atividade? Elas expressam preocupação ou apoio?

Permita-se explorar essas questões com curiosidade e sem julgamentos, buscando compreender suas verdadeiras necessidades emocionais ou psicológicas no momento. Pode ser que você esteja buscando conforto emocional, desejo de companhia, necessidade de estímulo mental, ou simplesmente alguém para ouvir seus desabafos.

Reflita profundamente sobre aquilo de que você precisa de verdade. Tente identificar, com a maior sinceridade possível, se o comportamento em questão atende às suas necessidades autênticas ou se está sendo meramente um meio para anestesiar suas emoções e sensações. Essa introspecção pode revelar insights valiosos sobre como suas ações, muitas vezes impulsivas ou habituais, podem não estar alinhadas com o que você verdadeiramente anseia ou necessita para seu bem-estar.

Ao fazer isso, você não só entende melhor o que o motiva e o que precisa, mas também cria oportunidade para tomar decisões mais conscientes e saudáveis. Essas decisões vão combinar melhor com o que você realmente sente e pensa, em vez de escolher caminhos que podem acabar sendo ruins ou deixando você insatisfeito a longo prazo. Esse processo de autoquestionamento e reflexão é um passo crucial para desenvolver uma relação mais saudável e consciente consigo mesmo e com as ações que escolhe realizar.

3. Escolha consciente

Após dedicar um momento para refletir sobre suas necessidades e sentimentos e identificar se estava recorrendo a um anestésico emocional, pense em quais alternativas saudáveis poderiam satisfazer suas necessidades psicológicas e um jeito mais benéfico e sem "efeitos colaterais". Suponha que o excesso de trabalho sirva como uma fuga, ou a busca compulsiva por gratificação na internet atue como um paliativo para dores emocionais. Nesse caso, o melhor é explorar hobbies ou atividades sociais que ofereçam tanto um sentido de realização pessoal quanto oportunidades de conexão autêntica com outros.

Muitas vezes a solução pode ser tão simples quanto telefonar para um amigo ou dar um passeio ao ar livre, permitindo-se interagir casualmente com pessoas ao redor. Esses gestos simples podem aquecer seu espírito e reduzir a sensação de isolamento.

É fundamental também se comprometer de verdade com a atividade que escolheu, esforçando-se para estar totalmente imerso nela. Sempre que perceber sua mente começando a se desconcentrar, querendo te levar para longe do momento atual, use a técnica da respiração consciente para trazer o foco de volta para o agora.

Finalize essa experiência observando e reconhecendo como se sentiu durante e após a atividade. Compare essas sensações com aquelas que normalmente acompanhariam a compulsão ou o vício que você tende a seguir. Esse exercício de auto-observação não só vai permitir avaliar a eficácia da alternativa escolhida em atender suas necessidades emocionais e psicológicas de forma saudável, como também vai fortalecer a sua capacidade de fazer escolhas conscientes e positivas para sua vida, promovendo um ciclo positivo de autoconhecimento e crescimento pessoal.

Quando começar a praticar essa técnica repetidamente ao longo do dia e em contextos diferentes, você vai ampliar significativamente sua autoconsciência e aprimorar a habilidade de tomar decisões mais claras e conscientes. A consistência na prática é fundamental para a evolução dos nossos hábitos; você descobrirá que, progressivamente, fica mais fácil identificar e administrar impulsos que antes serviam como um escape, optando por alternativas que nutrem seu bem-estar e saúde mental. Esse processo de reconhecimento e escolha consciente é um passo fundamental para cultivar uma vida mais equilibrada e satisfatória.

É importante salientar, contudo, que esse exercício representa apenas um ponto inicial na caminhada da autoconsciência e não deve ser visto como um substituto para o acompanhamento profissional de um psicólogo ou psiquiatra. Quando se trata de problemas com drogas ou transtornos mentais que precisam de medicação, recomendo muito que você busque ajuda de especialistas. Esses profissionais podem ter um espaço seguro para entender melhor seus sentimentos e ações, e oferecem tratamentos que se encaixam no que você precisa.

OPRESSÃO, DESIGUALDADE E HOSTILIDADE

Opressão, desigualdade e hostilidade são o contrário dos ideais imortalizados pela Revolução Francesa de 1789 — "liberdade, igualdade e fraternidade". Esse lema, que vem sendo um farol de esperança por mais de dois séculos, surgiu invertido, não apenas na minha mente, mas também pintando o cenário em que me encontrava: um almoço num restaurante sofisticado de São Paulo, cuja opulência era superada apenas por sua distância da realidade da grande maioria da população lá fora.

A diretoria de uma empresa me levou até lá, numa tentativa de me seduzir com promessas e luxos visando selar um acordo comercial. No entanto, cada detalhe do ambiente — da decoração meticulosa aos talheres de prata, das louças finas aos vinhos de safras exclusivas — parecia gritar uma verdade incômoda sobre um abismo que existia entre dois mundos: um que ficava dentro do restaurante, e outro completamente diferente do lado de fora.

No papel que a sociedade me atribuiu, eu apenas sorria cordialmente, parecendo ser sempre uma pessoa simpática e agradável. No entanto, havia uma inquietude tomando conta de mim, que aumentou ainda mais depois que olhei para os janelões de vidro do restaurante. Lá fora, notei uma senhora de idade, cuja vida parecia ter sido escrita em linhas de desalento, compartilhando a calçada com um cão tão desamparado quanto ela, ambos unidos pela invisibilidade social. Mendigavam em silêncio, como fantasmas à margem da existência, ignorados pelos que passavam, encapsulados em suas bolhas de indiferença.

A cena externa formava um contraste perturbador com a alegria dentro do restaurante, e uma pergunta se impunha com força na minha cabeça: onde estavam, afinal, a liberdade, a igualdade e a fraternidade prometidas? Minha mente queria respostas.

Com uma sensação de desconforto que me revirava o estômago, pedi licença sob o pretexto de ir ao banheiro — um espaço tão grandioso e ornamentado que mais se assemelhava a um salão de baile do que a um local para necessidades básicas.

Em um momento de busca por alívio, mergulhei as mãos na água fria, acariciando meu rosto e minha nuca, tentando apaziguar a turbulência de pensamentos que fervilhavam em minha mente. Ao erguer os olhos para o espelho, meu coração deu um salto ao encontrar o olhar de uma sombra ondulante, uma presença silenciosa e imponente que parecia me estudar com curiosidade. Sem conseguir me conter, virei-me abruptamente e a confrontei:

— Solidão, você! Mas será possível que nem no banheiro você me deixa em paz?

A sombra vibrava, emitindo um som que beirava o riso, um tom agudo e penetrante. Depois, retomou sua forma serena e respondeu com uma ironia que cortava como lâmina:

— Sempre fui mestre em negar a paz, caro psicólogo. Não espere conforto de minha parte.

Respirei fundo e, quando falei, minha voz estava encharcada de irritação.

— Você parece tão íntima dos pobres na rua e tão distante dos abastados que frequentam este local. Decepcionante esse seu comportamento.

A voz da Solidão ressoou com gravidade:

— Não projete em mim sua raiva pelas desigualdades sociais, psicólogo. Esse flagelo é uma criação dos homens. Também não sou responsável pelo fato de os humanos quererem que o universo e as desgraças da vida façam sentido. Se o universo lhe parece caótico e irracional, aceite a realidade tal como ela se impõe!

A Solidão tinha razão no que afirmava. O homem vive em uma incessante busca de significado para tudo, em um cosmos que se recusa a fornecer respostas, e isso cria um conflito interno profundo. Foi a Solidão quem rompeu o silêncio.

— Minha presença aqui não é casualidade. Sou a resposta que você evita.

Confuso, questionei:

— O que você quer dizer, Solidão?

— A solidão humana não fala apenas de seres solitários. Ao viverem procurando um sentido na vida, se deparam com a indiferença do universo, e isso leva vocês a uma sensação profunda de isolamento. Mas não estou falando de estar fisicamente sozinho. É uma solidão mais profunda, existencial, que muitos pensam que pode ser resolvida tendo muito dinheiro. Pura ingenuidade! Cada ser humano é sozinho, seja ele rico ou pobre. Quando você voltar para a sua mesa, conseguirá enxergar o que digo.

Acabei me distraindo pela chegada de três homens que entraram no banheiro rindo e falando alto. Ao voltar meu olhar, percebi que a Solidão já tinha ido embora.

De volta ao salão, a promessa da Solidão se concretizou: como se um véu tivesse sido tirado dos meus olhos.

Numa mesa próxima à janela, estava sentado um executivo de meia-idade, seu olhar perdido no reflexo do copo de vinho tinto. Apesar de rodeado por uma aura de sucesso profissional, suas mensagens não respondidas no celular e a constante busca por algo no olhar dos outros revelavam um isolamento emocional profundo. Longe do trabalho, ele lutava para criar conexões genuínas, descobrindo que sua riqueza material pouco fazia para preencher o vazio interior.

No centro, uma socialite elegante comemorava mais um aniversário com um grupo de "amigos" cujas risadas e brindes ecoavam pelo espaço. No entanto, seus sorrisos não alcançavam os olhos, que ocasionalmente traziam certa melancolia. Para ela, as festas e eventos eram apenas um véu que cobria a solidão de relações superficiais, em que a intimidade real e o apoio emocional são substituídos por elogios vazios e competição velada.

Em outro canto, um jovem herdeiro de uma grande fortuna almoçava sozinho, absorto em seu smartphone. Apesar da vida repleta de viagens exóticas e luxos inimagináveis, ele enfrenta a dificuldade de forjar laços autênticos, sempre questionando se as pessoas se aproximam por interesse ou por quem ele verdadeiramente é. Sua riqueza atrai muitos, mas poucos se interessam em conhecer o homem por trás do patrimônio.

Em outra mesa, vi uma artista plástica renomada, cujas obras são celebradas no mundo inteiro. Sentada discretamente no fundo do salão, ela observava os demais enquanto rabiscava um pequeno caderno. Sua expressão serena escondia a luta interior com a solidão criativa, o isolamento familiar para aqueles cuja existência é dedicada à arte. Apesar de seus triunfos, ela anseia por alguém que compreenda as sombras que dançam por trás de suas telas coloridas.

Olhando em meu entorno, consegui ver um mar de sombras refletindo a solidão que abraçava a todos, indistintamente: garçons, clientes, os passantes na rua e mesmo a velha mendiga e seu cachorro.

Embora fisicamente presente na reunião, minha mente já vagava distante, ansiando pelo momento em que chegaria em casa para refletir sobre a profundidade daquela revelação.

POBREZA, RIQUEZA E SOLIDÃO

Ao retornar para casa, os pensamentos sobre a experiência recém-vivenciada no restaurante inundaram minha mente, levando-me a uma reflexão profunda. A solidão, essa companheira silenciosa e sempre presente, revelara-se uma sombra indistinta, abraçando tanto os ricos quanto os pobres e desafiando a noção comum de isolamento como uma consequência da falta de dinheiro.

Se você é uma pessoa que se sente solitária ou desgostosa da vida, aposto que em algum momento já lhe passou pela cabeça: "Essas pessoas não sabem viver! Se eu fosse uma pessoa rica, seria muito mais feliz e não me faltariam passeios e amigos para festejar".

Esse tipo de crença tem certa razão de ser. Há pesquisas acadêmicas que parecem afirmar existir realmente alguma relação entre pobreza e solidão. Durante a pandemia de covid-19, especialistas da Universidade da Califórnia e da Universidade Northwestern fizeram um levantamento envolvendo pessoas com média de idade de 63 anos. Cerca de 16% dos participantes afirmaram viver numa solidão crônica — só que esse sentimento aparece muito mais frequentemente entre pessoas mais pobres. O estudo reforça a ideia de que, embora a solidão possa ser uma experiência comum ao longo da vida, lidar com ela pode ser um desafio ainda maior para aqueles que vivem na pobreza.

Entretanto, devemos entender que o isolamento vivido por pessoas pobres vai além da mera falta de acesso a atividades sociais consideradas padrão; a solidão de quem tem menos dinheiro está também ligada a sentimentos por serem diferentes, de vergonha da própria existência e de estarem à margem da sociedade.

Em outras palavras, a solidão experimentada pelas pessoas menos abastadas ou em situação de pobreza é muitas vezes vista como o resultado de estarem separadas dos outros por diferenças econômicas. E essa visão é mesmo verdade.

De fato, nossa sociedade se organiza, divide, separa e isola pessoas e grupos com base na situação financeira de cada um. Contudo, é crucial reconhecermos e falarmos que os impactos da pobreza na percepção de si mesmo são devastadores. E uma das consequências psicológicas mais profundas da falta de recursos financeiros são os sentimentos internalizados de inferioridade e desumanização.

A sensação de ser menos humano ou inferior surge não apenas da segregação social, mas também de um processo psicológico interno, no qual as constantes mensagens negativas da sociedade sobre a pobreza são internalizadas. Essas mensagens muitas vezes retratam os pobres como preguiçosos, incapazes ou moralmente falhos, sugerindo que sua condição é resultado de erros pessoais, em vez de ser fruto de um sistema socioeconômico desigual. Essa narrativa cultural contribui para um sentimento de vergonha e estigma entre as pessoas em situação de pobreza ou com menos dinheiro, afetando profundamente sua autoestima e senso de valor.

A desumanização dos pobres é, portanto, um mecanismo pelo qual a sociedade mantém as estruturas de poder e justifica as desigualdades. Ao retratar os economicamente desfavorecidos como sendo eles mesmos responsáveis por sua falta de dinheiro, estudo ou oportunidades de emprego, cria-se uma barreira psicológica que dificulta a empatia e o apoio social. Essa visão estigmatizada acirra a exclusão social dos que têm menos condições financeiras e reforça o ciclo da pobreza e da solidão.

É preciso superar essa percepção de inferioridade e desumanização, mas isso requer um esforço de todos, no sentido de reaprender a valorizar as pessoas, independentemente de sua situação econômica. Isso significa reconhecer que cada pessoa tem sua própria dignidade e algo especial para oferecer à sociedade, apenas por existir. Somente assim podemos esperar reduzir a solidão e o isolamento vividos pelos mais pobres e caminhar em direção a uma sociedade mais justa e unida.

Diante de tudo o que escrevi até agora, é certo que você deve estar convencido de que ser rico ou ter muito dinheiro é o caminho para fugir da solidão, já que não há dúvidas de que a pobreza tem influência sobre o ser solitário. Se você pensa assim, *para, bebê!* Para, porque isso está longe de ser verdade.

Lembremos da frase que nos disse a Solidão, lá no restaurante: "Não estou falando de estar fisicamente sozinho. É uma solidão mais profunda, existencial que muitos pensam que pode ser resolvida tendo muito dinheiro. Pura ingenuidade!".

A percepção de que a prosperidade financeira é uma solução

para nossos males emocionais é um equívoco. O isolamento existencial que a Solidão mencionou pode ser tão comum entre os ricos quanto os pobres. Isso porque a solidão não discrimina com base em status econômico ou riqueza.

Para que você entenda melhor essa realidade, leiamos um e-mail muito interessante que me foi enviado por um seguidor do canal *Nós da Questão*, no Youtube.

> Querido Marcos, espero ter a sorte de você ler meu e-mail.
>
> Sem que você o saiba, graças ao YouTube você tornou-se o meu psicólogo virtual e lhe tenho muita gratidão e respeito. Sou um empreendedor que, ao longo dos anos, conseguiu alcançar um nível de sucesso e estabilidade financeira significativos. Apesar dos meus êxitos profissionais, escrevo para você hoje movido por um desafio pessoal persistente que tem me acompanhado ao longo da minha vida: a solidão.
>
> Desde a minha infância, proveniente de uma família de recursos limitados, sempre me senti à margem das interações sociais e afetivas. Não tinha acesso às festas ou aos lugares que os outros frequentavam, o que me fazia sentir invisível, especialmente aos olhos das pessoas por quem me interessava, que pareciam preferir aqueles com melhores condições materiais e perspectivas de vida. Essa sensação de isolamento

me motivou a mudar minha situação, levando-me a lutar incansavelmente para superar as barreiras econômicas e alcançar o sucesso que tenho hoje.

No entanto, mesmo após ter alcançado um patamar financeiro que nunca imaginei, a sombra da solidão continua a me perseguir. Comecei a perceber que muitas das amizades que formei parecem estar mais interessadas nas vantagens e possibilidades que minha situação financeira pode oferecer do que em mim como pessoa. Da mesma forma, refletindo sobre meus relacionamentos amorosos passados, não consigo deixar de sentir que muitos deles não teriam ocorrido se não fosse pelo meu sucesso financeiro. Essa percepção tem intensificado meu sentimento de isolamento, levando-me a questionar a autenticidade das conexões que tenho.

Diante disso, sinto a necessidade de buscar ajuda profissional para enfrentar essa questão. Estou em busca de um caminho que me permita formar laços genuínos e significativos, livrando-me dessa sensação de solidão que parece não ter fim, mesmo cercado por pessoas.

Gostaria de uma palavra sua que me levasse a encontrar o caminho e as ferramentas necessárias para entender e superar esses sentimentos, além de me ajudar a construir relacionamentos mais autênticos e satisfatórios.

Agradeço antecipadamente pela sua atenção e fico no aguardo de sua resposta.

O dilema descrito no e-mail é, paradoxalmente, comum entre indivíduos que alcançam um sucesso substancial em suas carreiras. Apesar de estar rodeado por muitas pessoas, a sensação de solidão pode ser profundamente desorientadora e dolorosa. No entanto, é importante reconhecer que em ambos os extremos da condição econômica encontramos um terreno fértil para o florescimento da solidão.

Embora pareça que ter muito dinheiro é um jeito de evitar a solidão, na verdade isso pode acabar causando mais isolamento. Isso acontece porque ter muitos bens materiais cria uma espécie de barreira invisível, que separa a pessoa do mundo ao seu redor. Existe um afastamento que não acontece só porque a pessoa tem uma casa grande, come em lugares caros e possui coisas que só quem é rico pode ter; é também um distanciamento emocional e nas relações com os outros. Além disso, ter tudo o que se quer pode fazer a pessoa perder o sentido da vida, já que muitas vezes o que une as pessoas é a solidariedade mútua e a luta em comum para conquistar melhores posições e sobreviver da melhor forma possível.

Por isso, quando falamos de "solidão existencial", estamos nos referindo a um tipo de solidão que vem da falta de propósito, sentido ou conexão verdadeira com outras pessoas, não importando quanto dinheiro tenha. Pessoas ricas podem acabar cercadas por relações superficiais, em que as interações são baseadas mais em interesse financeiro ou status social do que em um verdadeiro carinho mútuo.

Isso significa que as pessoas ricas só atraem interesseiros? Não. É claro que pessoas do mesmo nível social podem criar conexões genuínas, mas é bem provável que alguém de classe mais abastada viva desconfiado das intenções dos outros e se pergunte: "As pessoas gostam de mim pelo que sou ou pelo que tenho?".

Além disso, a riqueza traz suas próprias pressões e expectativas, que podem contribuir para o isolamento. A manutenção de uma certa imagem ou estilo de vida, a gestão de bens e a preocupação constante com a segurança financeira podem criar barreiras à formação de relações autênticas. O medo de perder a riqueza ou de ser explorado pode também levar os que têm dinheiro a se isolarem, tanto física quanto emocionalmente, num esforço para se proteger.

O seguidor que me escreveu diz não conseguir deixar de pensar que muitas das relações que tem hoje não teriam ocorrido se não fosse pelo seu sucesso financeiro. Mas ele se esquece do fato de que as pessoas que vivem em ambientes mais pobres muitas vezes também podem criar conexões baseadas em outros tipos de interesse que não passam necessariamente nem pelo afeto nem pelo dinheiro. Esses interesses podem ser motivados pela busca de controle, manipulação emocional, dependência emocional, por inveja ou desejo de competir, ou até mesmo por desejo de influência social ou por algum tipo de benefício.

O que eu quero dizer é que, independentemente de sua vida ter seguido um caminho de sucesso ou fracasso financeiro, sempre é possível que apareçam ao redor pessoas buscando conexões genuínas ou apenas por interesse.

Em última análise, tanto a riqueza quanto a pobreza apresentam seus próprios desafios e barreiras à conexão humana. Reconhecer a complexidade da solidão e buscar soluções que transcendam o material é crucial para enfrentar esse desafio universal.

COM OU SEM DINHEIRO, É HORA DE SE BLINDAR CONTRA A SOLIDÃO

Agora que vimos que a solidão pode chegar para todos, independentemente do quanto você tem na carteira, eu gostaria de propor uma espécie de blindagem emocional, que inclui o ato de olhar para dentro de si e agir. Comece se valorizando e reconhecendo quem você é, sem pensar em dinheiro ou status. Imagine um mundo sem classes sociais e se pergunte: quem sou eu nesse cenário? Isso pode ajudá-lo a descobrir suas verdadeiras qualidades e valores; é a compreensão dessas qualidades em nós mesmos que traz conexões reais e diminui a nossa solidão.

Afinal, a maior riqueza é viver de forma autêntica, em harmonia com seus valores mais íntimos. Isso quer dizer procurar por amizades que preencham seu coração, não só aquelas que pareçam vantajosas ou que sejam baseadas em interesses materiais.

Mas como você pode fazer isso? Bem, o exercício que vou propor é um ótimo ponto de partida. O objetivo aqui é promover uma avaliação consciente das suas interações, ajudando-o a distinguir entre amizades genuínas e relações por interesse. Lembre-se, contudo, de que a complexidade das relações humanas pode tornar difícil julgá-las com precisão, e a empatia e o diálogo aberto são fundamentais.

O JOGO DOS DEZ AMIGOS

Passo 1: listagem

Liste as pessoas ao seu redor

Escreva os nomes de até dez pessoas que estão frequentemente ao seu redor ou que tiveram impacto significativo na sua vida recentemente. Isso pode incluir amigos, colegas de trabalho, membros da família, entre outros.

1.	6.
2.	7.
3.	8.
4.	9.
5.	10.

Passo 2: avaliação das relações

Avalie o motivo da proximidade

Para cada pessoa listada, reflita e anote o motivo pelo qual vocês são próximos. Pergunte-se:

Como essa relação começou?

Ela se baseia em interesses comuns, circunstâncias (por exemplo, trabalho ou escola) ou foi construída ao redor de valores e experiências compartilhadas?

Identifique as contribuições: pense no que cada pessoa traz para a sua vida. Pode ser apoio emocional, alegria, conhecimento, oportunidades etc. Avalie se a troca parece mútua.

Passo 3: reflexão sobre as relações

Reflexão sobre autenticidade

Pergunte-se:

Essas pessoas procuram por você apenas quando precisam de algo ou estão presentes em diferentes momentos da sua vida?

Você se sente à vontade para ser você mesmo ao redor delas?

Elas celebram suas conquistas e o apoiam nos momentos difíceis?

Quantidade versus qualidade: reflita sobre quantos amigos verdadeiros você sente que tem. Amigos verdadeiros são aqueles com quem você pode contar em qualquer circunstância, que o aceitam como você é, e com quem você tem uma relação de mútuo respeito e carinho.

Passo 4: ação consciente

Decida de quem se aproximar ou se afastar

Com base em sua reflexão, decida conscientemente quem você deseja trazer para mais perto e quem talvez seja melhor manter a distância. Considere que algumas relações podem ser melhoradas com comunicação aberta e esforço mútuo.

Comunicação e limites

Para as relações que você escolheu manter ou aprofundar, pense em maneiras de fortalecer esses laços. Para aquelas que decidiu limitar ou encerrar, reflita sobre a forma mais respeitosa e saudável de estabelecer esses limites.

Passo 5: revisão periódica

Reavalie periodicamente

As relações mudam, assim como as pessoas. O que funciona hoje pode não funcionar amanhã. Permita-se reavaliar suas relações periodicamente e ajustar seu círculo social conforme necessário.

Esse exercício não é uma ciência exata, mas um ponto de partida para pensar conscientemente sobre suas relações e o quanto quem o rodeia faz de você uma pessoa mais solitária ou mais rica emocionalmente. Sua intuição e seus sentimentos são indicadores importantes, então confie neles durante esse processo.

05

A SOLIDÃO DO REORGANIZADOR DOS MOMENTOS CONFUSOS

PERCORREMOS UM LONGO CAMINHO ATÉ AQUI. CONVER-
samos com a Solidão de frente e percebemos que ela às vezes entra em nossa casa, aparece enquanto vasculhamos páginas infinitas na internet e se mostra nas diferentes classes sociais. Parece que não há como se desvencilhar dessa companheira indesejada.

A Solidão, essa senhora de má reputação, sempre parece um pouco carrancuda, mas, paradoxalmente, é capaz de despertar afetos desconhecidos em nossos corações. Num desses encontros inesperados com essa sombra densa, que resolveu me visitar numa noite de isolamento voluntário, nossa conversa tomou um tom mais íntimo.

— Diga-me, Solidão, o que você busca de mim nesta noite tão quieta? — indaguei, tentando decifrar sua presença.

— Calma, senhor psicólogo. Notei que está particularmente reflexivo hoje. O que lhe aflige? — A voz estava suave, quase um sussurro, e sua forma sombria parecia flutuar diante de mim.

Aquela era uma noite em que eu havia optado pela companhia de mim mesmo, renunciando aos convívios familiares.

— Não é nada demais. Simplesmente decidi não acompanhar minha família. O dia foi exaustivo e senti a necessidade de um repouso solitário — respondi, tentando parecer mais despreocupado do que realmente estava.

— Veja só, isso é algo que as pessoas frequentemente não compreendem — ela começou, seu tom de voz agora um misto de seriedade e gentileza. — Eu posso ser uma companhia, não apenas um vazio.

— É verdade — concordei, sentindo o peso de suas palavras. — A maioria não vê dessa forma. Sua presença muitas vezes é entendida somente como a ausência de outra pessoa, mas não é só isso. Lidar com você é lidar com um tipo de presença muito particular.

Ela sorriu, um sorriso que mais parecia um deboche, e, antes de se dissipar como uma fumaça escura, deixou suas palavras finais flutuando no ar com uma ironia cruel:

— Exato. E, justamente porque posso ser uma companhia, vou deixá-lo a sós consigo mesmo.

E, assim, a Solidão se desfez, deixando-me a ponderar sobre a estranha doçura que há no isolamento voluntário.

■ ■ ■

De repente apareceu uma notificação em meu celular. Tratava-se de um e-mail endereçado ao meu canal no YouTube que, não sei por quê, decidi abrir naquele momento.

A mensagem do seguidor dizia:

> Eu vivo uma solidão peculiar, a solidão do reorganizador dos momentos confusos. É como se, ao meu redor, eu carregasse uma placa como aquela

dos funcionários dos bancos, dizendo: "Como posso ajudar?". As pessoas vêm até mim com suas vidas embaralhadas, depositam seus problemas em minhas mãos e esperam, quase como mágica, que eu coloque tudo em ordem novamente. E eu faço. Sempre faço.

Mas, quando as festas são organizadas e as celebrações acontecem, meu telefone permanece silencioso. Meu convite nunca chega. Eu existo em um limbo estranho; vital nos momentos de crise, invisível nas horas de alegria. Há uma ironia dolorosa em ser tão necessário, mas ao mesmo tempo tão isolado.

Esse constante dar sem receber tem me desgastado. Cada problema que resolvo para os outros deixa uma marca em mim, uma pequena fissura que se aprofunda com o tempo. E, enquanto eu cuido das feridas de todos, minhas próprias feridas permanecem abertas, ignoradas e negligenciadas. É como se os médicos que cuidam dos pacientes esquecessem de cuidar de si mesmos. Quem cuida dos cuidadores, afinal?

Com o passar dos anos, essa dinâmica deu lugar a uma exaustão profunda. Há uma tristeza em saber que minha presença é meramente funcional, restrita a momentos de necessidade. Não me entenda mal, há uma satisfação em ajudar, em ser capaz de alinhar os caos alheios. Mas essa satisfação é ofuscada pelo peso da solidão, por ver que, fora das crises, minha existência parece desvanecer.

> Agora, me vejo me perdendo de mim mesmo, absorvido por esse oceano de isolamento. Cada gesto de ajuda que ofereço aos outros é uma onda que me afasta ainda mais da costa de minha própria vida. Eu me pergunto, às vezes, se as pessoas sequer percebem que eu também tenho minhas lutas, que eu também poderia usar um pouco daquela ordem que tão prontamente forneço.
>
> Então, aqui estou eu, o reorganizador dos momentos confusos, profundamente imerso na própria solidão, questionando se algum dia serei mais do que apenas um solucionador de problemas, se algum dia serei visto, verdadeiramente visto, não apenas como um instrumento de reparo, mas como um ser humano completo, com necessidades e desejos tão reais quanto os de qualquer um.

Não foi em vão que abri esse e-mail. Eu estava naquela noite sozinho no meu apartamento, porque decidi não sair na ocasião, mas lendo essa mensagem percebi quantas pessoas sofrem por não receberem a "retribuição que esperam". Só existem para os demais quando estão proporcionando soluções, ajuda de qualquer tipo — e depois os beneficiados somem.

Refletindo sobre o e-mail do meu seguidor, vejo que é cada vez mais comum as pessoas trazerem essa queixa. Ouço tantos casos parecidos com esse. Tantas pessoas se desgastam pelos outros, assumem problemas que não são seus, vivendo um estado de "solidão acompanhada". Elas vivem rodeadas de pessoas em diferentes situações e estão, ao mesmo tempo, sozinhas.

Muitas vezes já me senti assim também. Acredito que todos nós já vivemos essa experiência em algum momento da vida.

Mas você deve estar pensando: como é que um psicólogo pode ter esse tipo de sensação?

Sim, sou psicólogo, mas também sou humano e tenho meus momentos de solidão, de medo de ficar só, de pensar nas minhas escolhas. Está lembrando de que no início deste livro eu compartilhei com a Solidão algo de que eu sentia falta? O abraço de minha mãe. E isso é um estado de solidão.

■ ■ ■

Imerso nos meus pensamentos, fui interrompido por uma voz inesperada:

— Não se sinta tão solitário. Estou aqui.

Diante de mim, novamente estava ela na poltrona. A Solidão.

Por um instante, quase sorri, pensando na ironia daquelas palavras: a Solidão alegando me fazer companhia.

A sombra ondulou e, quando falou, seu timbre se misturava com um sussurro assobiado:

— O que tanto lhe intriga no relato do seu seguidor, caro senhor psicólogo?

Respirei fundo e respondi:

— Na verdade estou refletindo sobre tudo que li. Como as pessoas podem ajudar a outras e ao mesmo tempo se sentir sós. Isso parece tão injusto. Se nos fazemos no outro, se nos completamos uns nos outros como seres sociais que somos, como pode alguém estar cercado de tantas pessoas que ele ajuda se sentir só?

Com um movimento que parecia uma risada zombeteira, a sombra se expandiu e se retraiu:

— Conhece a origem da frase "o pior cego é aquele que não quer ver"?

— A frase sim, mas de sua origem eu nunca soube ao certo — respondi, com sinceridade.

E a Solidão me respondeu com um ar de deboche:

— Esperava mais de você, senhor psicólogo. — E seguiu seu raciocínio: — Conta-se que, em 1647, na França, um homem chamado Angel foi submetido a um procedimento que mudaria sua vida. Vicent de Paul D'Argent, o médico, realizou o que se considerou o primeiro transplante de córnea bem-sucedido.

— E o que isso tem a ver com o e-mail do meu seguidor? — indaguei, embora a sombra ignorasse minha pergunta.

Sem se deter, ela continuou:

— Assim que Angel pôde ver, ele se horrorizou com o mundo ao seu redor. Pediu então ao médico que lhe removesse os olhos novamente. Preferia a cegueira à desilusão de um mundo que não atendia às suas expectativas. O caso foi parar no tribunal de Paris e até no Vaticano. Angel lutou pelo direito de não ver e de escolher sua própria realidade. E, assim, tornou-se o cego que não quis ver. Sua história é um lembrete de que, por vezes, a realidade revelada pode ser mais dura de ser aceita do que a escuridão que escolhemos.

A sombra fez uma pausa, como se respirasse fundo, antes de adicionar:

— A solidão do reorganizador de momentos confusos é apenas um véu. Seu seguidor não percebe que no fundo tem medo de não ser amado. Lembre-se, psicólogo, o pior cego será sempre aquele que não quer ver.

Com essas palavras, a sombra desvaneceu-se, deixando no ar um odor estranhamente doce e amargo.

"Paz na escuridão."

Agora, além dos pensamentos que já rondavam minha cabeça, fiquei com mais essa afirmação me rodeando. E novamente trouxe essa fala para dentro de mim. No entanto, quando parei e me aquietei, consegui refletir. O que o rapaz que me escrevera o e-mail não tinha entendido ainda é que já tinha uma ferramenta poderosa nas mãos, mas cuja potência ele ainda não conseguira enxergar.

Quando ajudamos os outros, temos uma arma poderosa nas mãos, porque é no outro que nos encontramos, que de fato nos construímos, que nos salvamos do desespero. O que ele não se deu conta é que isso não é algo que se faça por interesse, como uma troca. Eu me faço no outro, mas devo ir além do outro. Cobrar afeto não é o caminho. Fazer algo para o outro somente esperando uma retribuição nos faz rodar em torno de nós mesmos, como um cachorro que corre atrás do próprio rabo. E talvez por isso ele se sinta só, como um "reorganizador de momentos confusos".

O que ele não percebeu é que ajudar as pessoas, auxiliar o outro em suas necessidades, nos torna mais completos, e, sendo mais completos, ficamos mais longe da solidão. Isso necessariamente não depende da presença física do outro, mas a felicidade dos outros nos preenche. Não perceber essa verdade era a cegueira dele.

Acredito que meu seguidor não tenha entendido que a presença física do outro em sua vida pode ou não acontecer. O importante é o que ofereço ao outro. E essa é uma ferramenta poderosa contra a solidão. Uma forma de não se sentir só é servir de apoio ao outro em suas necessidades.

E nisso fiquei refletindo depois que li aquele e-mail. Em muitos momentos eu vivo minhas solidões internas, meus conflitos, minhas angústias, mas o fato de saber que posso ser um instrumento de alívio para o outro é algo muito gratificante e me arranca de mim mesmo. Quando penso no momento em que minhas saudades me invadem, sou aliviado pelo fato de poder ajudar alguém, e isso me afasta da minha solidão.

A presença física de outra pessoa é importante para não nos sentirmos sós, sem dúvida, mas saber que de alguma forma podemos aliviar as tensões e servir de escuta para outras pessoas tem o poder de aliviar a solidão de maneira muito mais ampla. Essa sensação não depende necessariamente de uma presença física; depende da minha percepção e do meu consentimento em me deixar ser preenchido.

Quando digo tudo isso, não quero que você, leitor, passe a pensar que a presença de outra pessoa em sua vida não é importante. Pelo contrário: o outro, um amigo, um parceiro de vida, um filho, são, sim, presenças que fazem muita diferença e que nos tiram da solidão. Porém, depender dessas presenças para não nos sentirmos sós ou para acreditarmos que apenas a presença alheia é capaz de não nos permitir viver a solidão, isso é um grande engano.

UMA MOEDA DE TROCA QUE SÓ COMPRA SOLIDÃO

Você já deve ter ouvido esta frase: "Eu só me apaixono por quem não presta". Ou já deve ter vivido a experiência de sair de um relacionamento difícil e cair em outro na sequência.

Os psicólogos, de modo informal, chamam a isso de Síndrome da Enfermeira (no caso das mulheres), ou Síndrome do Salvador (no caso dos homens). O famoso "dedo podre". Vou tratar aqui como Síndrome da Enfermeira, mas deixo claro que acontece com ambos. Claro, que por questões sociais, pois ainda vivemos em uma sociedade machista em que o homem goza de muito mais poder social, esse quadro é mais comum às mulheres.

Bem, mas o que é isso? É uma tendência a escolher um certo tipo de pessoa para amar que estaria predeterminada, quase como se estivesse escrito na linha do seu destino.

Você deve estar pensando: "pronto! Agora o psicólogo virou vidente"...

Para, bebê! Para, não virei vidente nem místico. O que estou explicando a você é que nós somos livres para escolher o tipo de pessoa com quem vamos nos relacionar, mas as fantasias, os desejos, a história de vida, tudo isso misturado acaba fazendo as escolhas amorosas serem muito mais guiadas por movimentos inconscientes e não tão livres quanto pensamos. Isso significa que a rota que traçamos mentalmente, que chamamos de mapa do amor, pode ter também uns critérios meio tortos, que podem nos levar a recusar pessoas muito legais e escolher outras mais problemáticas.

O que estou querendo dizer é que existem pessoas que acabam fazendo escolhas para um relacionamento amoroso guiadas não pelas qualidades do pretendente, mas sim pelas fraquezas e defeitos que ele ou ela tem.

Está bem, mas o que isso tem a ver com a Enfermeira?

Geralmente a Síndrome da Enfermeira empurra mais as mulheres para dentro desses relacionamentos exaustivos, em que elas sentem uma atração incontrolável por homens que precisam ser cuidados ou aparentemente salvos de alguma situação.

Vamos listar algumas características dessa situação, para ver se você se encaixa.

1. Quem sofre da Síndrome da Enfermeira costuma se apaixonar por pessoas que sejam uma espécie de desafio

Você vê aquela pessoa superatraente, mas que não quer nada sério com ninguém; essa pessoa usa a beleza para ficar com quem quiser. Mesmo sabendo que a pessoa é assim, você se sente atraída e desafiada a conquistá-la. Além disso, você acredita piamente que conseguirá mudar a vida dessa pessoa, ou seja, que o amor que você diz sentir será capaz de transformá-la no seu par perfeito. Só que não.

Outra situação que você já pode ter vivido é se interessar por alguém que tem um ótimo papo, principalmente quando bebe. Quando percebe que ele bebeu demais, você entra em ação, ou melhor, a Enfermeira entra em ação para tentar controlar o comportamento do rapaz.

— Ah, mas ele é um cara tão bacana... Não é justo ele se perder por causa do excesso de bebida! Vou namorar com ele e o amor que sinto será capaz de mudar essa situação. Eu sei o que as pessoas dizem dele, que não vale a pena ficar com ele por causa desses problemas, mas tenho certeza de que comigo vai dar certo.

Pois é... não vai. Porque a atitude de mudança do outro não depende do seu sentimento, daquilo que você faça por ele; só depende dele próprio. Depende de quanto ele estará disposto a mudar.

2. Quem vive a Síndrome da Enfermeira geralmente distorce a realidade

A mulher encontra um rapaz que é maravilhoso, gosta de fazer companhia, mas que vive reclamando que não consegue um trabalho fixo. É ela quem sempre paga a conta do restaurante ou do barzinho.

Pois bem, essa parece não ser uma situação anormal, visto que hoje as mulheres têm autonomia para custear sua vida, afinal são independentes e não têm mesmo que depender de um cara para isso.

Mas o ponto que levanto aqui é que distorcer a realidade de uma pessoa que não tem responsabilidade, não consegue se manter e tira proveito financeiro da situação é, sim, muito complicado.

— Ah, mas ele se esforça... O mercado de trabalho está muito difícil. Ele é inteligente e mesmo assim não é reconhecido...

Todos esses argumentos vão distorcendo aos poucos uma realidade perigosa, pois vai se colocando um véu sobre a realidade de que por trás de uma pessoa muito atraente mora um aproveitador. Isso para dizer o mínimo.

E a Enfermeira, pronta a cuidar, acaba se responsabilizando pela situação externa e inocentando a pessoa amada de qualquer responsabilidade.

Outro exemplo de distorção da realidade é quando um homem casado diz que é infeliz na sua atual relação, que não tem mais nada com a esposa e que o amor da vida dele é... adivinhe... Ponto para você que pensou na pessoa que vive a síndrome da Enfermeira.

Ela vai com certeza acreditar na promessa e ter

certeza de que esse homem vai se separar para ficar com ela e que os dois juntos serão felizes para sempre. Mas, enquanto esse dia não chega, ela cuida desse pobre homem sofrido e maltratado por um casamento que ele diz ser infeliz. Nem preciso terminar esse exemplo, porque você já sabe o que acontece. Se não souber... cuidado!

Claro que essa distorção da realidade é um movimento inconsciente. Se for o seu caso, você precisa torná-lo consciente e quebrar esse ciclo no qual se prende.

3. Quem vive a Síndrome da Enfermeira tem muita facilidade de se conectar a pessoas problemáticas e sofredoras

O que acontece nesse caso é que o sofredor percebe com muita facilidade quem tem disponibilidade para ser a sua Enfermeira e vice-versa. Isso até pode soar benéfico, como um sentimento de maternidade, pois a Enfermeira vai querer cuidar do outro como se cuidasse de um filho. Enquanto ele, com sua forma de amar, vai trazer à tona aquela sensação que ficou na infância de quando mamãe tomava conta dele.

E é nesse momento que algumas mulheres acabam carregando pesos que não são seus, criando ligações entre a vida a dois que não existem. Confundindo papéis. Por exemplo, ao ver que o rapaz está passando por algum problema que ela já tenha enfrentado, ou por algo que ela saberia resolver se estivesse no lugar dele, a Enfermeira entra em ação e sai correndo para dar um jeito em tudo na vida do outro; e acaba não dando conta do problema que arranjou para si mesma.

4. Quem vive a Síndrome da Enfermeira se sente valorizado

O fato de estar com um homem que se sente cuidado dá a essa mulher a falsa sensação de ser especial, pela ideia de que sem ela esse homem é incapaz de resolver os próprios problemas. Isso pode demonstrar falta de autoconfiança.

Dentro dessa dinâmica está embutido o fato de que essa mulher não se sente amada pelo que é, mas pelo fato de ser útil ao outro. E não estou falando de caridade, de coisas que devemos fazer ao outro para ter um crescimento mútuo. Não. Estou falando aqui de validação. De contextos em que a pessoa só se sente amada quando o outro valida sua ação. E o que acontece na Síndrome da Enfermeira é um ciclo perigoso.

Na ânsia por ser amada, a pessoa é levada a cair nas garras de um homem (ou de uma mulher) que se aproveita disso; esse parceiro pode ter a tendência a escolher pessoas fragilizadas para se relacionar. E essas fragilidades podem ser as mais diversas como de saúde, de caráter, econômica, emocional etc.

Uma consequência importante que temos que levar em consideração é que quem vive essa síndrome facilmente tem um sentimento de posse sobre o outro. Sim, porque pensa, mesmo que inconscientemente, da seguinte forma: "Estou cuidando dele, portanto ele é meu. Afinal, está sob os meus cuidados".

Outra questão que temos que levar em conta é o término de uma relação. Sim, as relações têm seus ciclos. Quando acontece o rompimento, o sentimento de quem vive com a Síndrome da Enfermeira vai de "todo-poderosa" para um imenso vazio, o que pode acarretar a tendência a se culpar, procurando razões pelas quais a relação acabou. A consequência podem ser problemas enormes como depressão, crises de ansiedade, sensação de desamparo e, claro, muita solidão.

Tudo isso porque se tinha a certeza de que "cuido, logo sou importante", "cuido, logo o outro me ama incondicionalmente", "cuido, logo sou amada(o)". Mas nada disso lhe dará a certeza de um amor recíproco, até porque a pessoa cuidada pode perceber a tendência que você tem e tirar proveito dessa "bondade", usando você como uma marionete. Pense nisso!

VIVENDO UM CONTO DE FADAS ÀS AVESSAS

Em muitos momentos, tanta necessidade de cuidar do outro esconde algo muito comum, que é a ilusão de querer viver um grande conto de fadas. Desde sempre, principalmente as mulheres são condicionadas pela sociedade a pensar que só serão completamente felizes, realizadas, se estiverem com alguém. Ou seja, viver a ilusão de um conto de fadas dá a falsa sensação de um alívio das pressões sociais, mas não dá um caminho eficaz para resolver os problemas afetivos ou a solidão.

E por mais que hoje vivamos numa sociedade considerada moderna, em que as mulheres (volto a me dirigir às mulheres porque essa condição ainda acontece majoritariamente com esse público) são mais autônomas, mais livres para tomar suas decisões, fazem suas escolhas profissionais e pessoais, ainda há um peso histórico sobre elas. São gerações e gerações de um discurso que ainda lhes impõe uma condição sobre o seu modo de viver e que inconscientemente as leva a determinados comportamentos que parecem normais.

Então, pensar que determinados comportamentos são justificados pelo fato de o homem ser homem e a mulher ser mulher pode normalizar atitudes perigosas, chegando a casos extremos como violências e servidão. Infelizmente, viver sob esses modelos sociais que são heranças de um passado ainda muito presente aprisiona. O que parece uma realização pode ser, na verdade, uma prisão que leva a patologias graves, além de ser um verdadeiro conto de fadas às avessas.

Embora isso aconteça ainda no campo da normalidade, pois não são poucos os casos de mulheres que se submetem a condições como a da Enfermeira por medo de ficar sós, por medo do julgamento dos outros, por estarem atreladas financeiramente ao outro e não conseguirem sair de uma relação complicada, o fato é que na sua cabeça precisa estar claro o motivo de estar vivendo ao lado dessa pessoa que você escolheu ou que a sociedade ou suas circunstâncias de vida escolheram para você.

Por exemplo, recebi um e-mail de uma seguidora que me contava esta história:

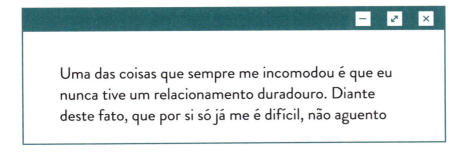

Uma das coisas que sempre me incomodou é que eu nunca tive um relacionamento duradouro. Diante deste fato, que por si só já me é difícil, não aguento mais escutar: por que você está sozinha? Tão bonita, inteligente blá-blá-blá...

Resolvi, então, iniciar através da leitura e de vídeos esclarecedores (como os seus) um processo do autoconhecimento (ainda estou bem no comecinho).

Mas, com a ajuda de minhas anotações e reflexões, cheguei à triste conclusão de que esse quadro de "eterna solidão" (essa é a minha leitura de toda situação) se dá como uma espécie de "mecanismo de defesa" que criei em minha infância devido ao fato de presenciar um relacionamento muito atribulado entre meus pais.

Lembrei nesse processo de autoconhecimento de, ainda muito criança, ter afirmado que nunca iria me casar, pois a referência que eu tinha de uma relação a dois não era a que eu queria para minha vida.

Hoje eu percebo que só atraio e me sinto atraída por homens que me fazem sofrer, me usam, não percebem a pessoa maravilhosa que sou (realmente me vejo dessa forma). Relaciono isso a essa leitura que fiz sobre relacionamento que trago desde a minha infância de que casamento não é coisa boa e que a teoria de que os homens não prestam seja reforçada.

Como eu posso fazer uma nova leitura dos fatos em minha mente e curar essa criança interior?

Trago esse exemplo para que possamos refletir sobre as imposições sociais. É muito provável que esse casal, os pais dessa seguidora, tenha passado a vida junto de uma forma infeliz, e isso era perceptível, segundo ela relata. Essa condição trouxe para ela uma referência péssima do que é viver a dois. Num segundo momento, vemos que ela entende que, por uma imposição social, ela deve viver um relacionamento para se sentir completa, mas a ânsia por precisar estar com alguém faz sua escolha ser a pior possível.

Ah, mas você é tão bonita, por que não arruma alguém? Você é tão inteligente, por que está sozinha? Essas e outras perguntas são imposições que a sociedade coloca e que obrigam as pessoas de um modo geral, e as mulheres de modo mais particular, a arranjarem alguém de qualquer jeito para estar ao seu lado e provar que toda a lista está completa:

 Estudos
 Trabalho
 Vida financeira
- Relacionamento
- Filhos

E isso, sem dúvida, cria uma espiral de solidão e infelicidade. Para piorar, não bastando a pressão que vem de fora, essa seguidora ainda se autoquestiona por ter detectado algo que ela arrasta desde pequena: não nasci para viver esse tipo de relação. Pautada pelo exemplo de seus pais, ela não quer viver o mesmo que eles, o que é justo, mas não se abriu para a possibilidade de que o que os pais dela viveram juntos não serve de exemplo para ela. Muitas vezes, o que temos dentro de casa não é um bom exemplo e não é o único modo de viver uma relação.

Ou seja, na ânsia de encontrar um príncipe encantado, o olhar dessa seguidora está tão turvo que ela não conseguiu ainda ver para além das paredes de sua casa.

É preciso sempre colocar em perspectiva, ao escolher alguém ou quando se está em um relacionamento, quais são os reais motivos da escolha. Isso nos dá indícios sobre estarmos ou não no caminho certo. A consequência desse exercício é refletir que, se não existe reciprocidade, respeito, se você está todo o tempo cuidando sem ser cuidado, sendo usado ou acuado psicologicamente, cuidado: está na hora de repensar o trajeto e não fazer escolhas pautadas somente em um modo de vida ou por se sentir pressionado pelo que os outros dizem ou perguntam. A probabilidade de você deixar o príncipe e escolher o sapo é enorme. Pense nisso!

NÃO TROQUE DE TURNO, DEIXE O POSTO

Vamos juntos refletir sobre o comentário que outra seguidora deixou em um dos vídeos do meu canal *Nós da Questão*, no YouTube. Suas palavras trazem uma perspectiva dolorosa, mas importante, sobre a natureza da solidão. Ela compartilhou comigo um tipo de solidão que, segundo ela, é uma das mais difíceis de suportar. Acompanhe o que ela me disse:

> Tem um tipo de solidão, que considero uma das piores que existem: a solidão ao lado de um parceiro que não dá mais certo e que muitas vezes é tóxico, nocivo. Minha mãe chama essa situação de "solidão a dois". É terrível, pior do que estar sozinha, sem ninguém. Melhor estar temporariamente só,

> na companhia de si mesma e em paz, para poder encontrar um companheiro realmente legal, do que estar com alguém que está ali só "de enfeite" e o pior: fazendo a gente se sentir mais sozinha e nos tirando a oportunidade de conhecermos alguém que realmente valha a pena estar junto e que nos tire verdadeiramente da solidão.

Escolhi esse relato porque ele traz um aspecto interessante para refletirmos sobre a Síndrome da Enfermeira e como podemos encontrar maneiras de abandonar esse papel. Não se trata apenas de trocar de turno, ou seja, deixar um relacionamento ruim por outro, que muitas vezes pode ser ainda pior. Estou falando de deixar o posto, abandonar esse lugar social em que você se colocou ou foi colocado.

Viver uma "solidão a dois" também faz parte da Síndrome da Enfermeira, pois, ao sentir a necessidade constante de ter alguém ao lado, corre-se o risco de experimentar uma solidão acompanhada. Isso ocorre porque o outro na relação nem sempre está disposto a retribuir o amor na mesma medida que a Enfermeira oferece.

Reconheço que abandonar o posto de Enfermeira não é fácil. Afinal, mudar a maneira como nos relacionamos conosco e com os outros é sempre algo desafiador. No entanto, considerando tudo o que discutimos até agora, aqui estão três passos para você refletir e tentar colocar em prática:

1. Liberte-se da autopiedade e da tristeza

Quando você está vivendo em uma relação ruim, pode passar pela sua cabeça que ninguém mais vai lhe querer. Isso é o resultado de sua baixa autoestima, que não deixa você acreditar em suas qualidades. Além disso, o fato de essa relação não ter dado certo acaba se tornando a régua pela qual você passa a se guiar.

Em geral, quando estão em um relacionamento ruim, as pessoas têm um medo tão grande de ficarem solteiras e sozinhas que preferem permanecer no par infeliz a arriscar tentar começar algo novo.

Tire esses pensamentos da cabeça. Você vai tornar sua vida melhor se parar de sentir pena de si mesmo. Aproveite este momento para listar suas qualidades. Tenho certeza de que, se eu lhe perguntar quais são seus defeitos, prontamente você me entregará uma lista deles, mas eu quero suas qualidades.

Além disso, comece a concentrar sua energia no autocuidado e direcione toda essa habilidade e vontade de cuidar do outro para cuidar de si mesmo. Isso lhe fará muito bem e você começará a enxergar sua vida como algo bem mais interessante.

2. Preste atenção ao que seus amigos e familiares pensam

Sim, haverá sinais! Se você perceber que sua família evita falar sobre o seu namorado ou namorada e que seus amigos se afastaram, esses são sinais, sim, de que você se apaixonou pela pessoa errada. Não tenha nenhum pudor em conversar com essas pessoas e tente ao máximo extrair delas quais as preocupações que elas têm a respeito do seu namoro. É importante escutar com muita atenção e sem interromper ou contra-argumentar.

Esteja disponível para ouvir uma opinião que será

provavelmente diferente da sua. É bem provável que aqueles que estão observando sua relação de fora percebam ações do seu parceiro que não sejam à altura do que você merece. Ou seja, você pode estar ao lado de uma pessoa que não soma à sua vida, mas subtrai principalmente você de você mesma.

3. Tente visualizar seu futuro ao lado dessa pessoa

Responda a esta pergunta de forma bem sincera: Você consegue se imaginar daqui a dez anos ao lado dessa pessoa? Se você tiver algum bloqueio ou dificuldade para imaginar essa cena de maneira realista, talvez seja hora de acabar com essa situação. Agora.

Existem pessoas que podem ser uma companhia muito agradável e divertida para uma ocasião, ou para uma relação de amizade, o que não significa que sejam ótimos parceiros para ter ao lado e compartilhar as mais diversas experiências da vida para sempre.

Outro ponto importante é que, se você consegue imaginar que sua vida poderia ser boa sem essa pessoa, então esse é um sinal claro de que ela não é a pessoa certa para lhe acompanhar no decorrer da vida e retribuir a felicidade que você oferta a ela.

Coloque uma coisa na sua cabeça: numa relação saudável e feliz não existe Enfermeira e Paciente, Salvador ou Vítima; o que precisa existir é uma parceria mútua, duas pessoas que cuidam uma da outra. Isso é uma relação equilibrada, na qual não há a moeda de troca "eu cuido para você me amar", mas sim "eu cuido hoje e amanhã você cuidará de mim se eu precisar".

SALVOS DOS OUTROS E DE NÓS MESMOS

Enquanto escrevo, ainda sozinho em casa, reflito sobre tudo isso que lhe contei até agora. Em meio à minha própria solidão, vejo a importância de pensarmos juntos sobre a relação entre o caso do rapaz que me escreveu contando que se sentia sozinho mesmo ajudando tantas pessoas e a Síndrome da Enfermeira.

À primeira vista, pode parecer que não há conexão entre essas duas situações, mas na verdade há, sim, e quero explicar por quê. Mais ainda, ambos os casos têm a ver com você. Muitas vezes pensamos que a solidão, essa senhora indesejada, só nos visita quando estamos fisicamente sozinhos. Mas a verdade é que ela também nos acompanha quando estamos cercados de pessoas, quando estamos em uma relação ruim ou quando dedicamos nosso tempo a ajudar os outros sem receber reciprocidade.

Solidão não é apenas estar sem companhia; é estar excluído, não fazer parte de nenhum grupo, mesmo estando fisicamente presente. É não ser convidado para eventos, não participar dos momentos sociais importantes, sentir-se à margem da sociedade ou dos afetos dos outros. Isso é solidão, e é um sentimento profundo e doloroso que pode nos acompanhar mesmo nas situações mais inesperadas.

Por isso, ambos os casos têm uma relação intrínseca: ambos vivem na solidão, apesar de estarem convivendo com outras pessoas — seja em um relacionamento amoroso, seja ajudando outros sem realmente fazer parte de suas vidas. É essencial compreender que o fato de você ajudar outras pessoas, devotar seu amor a alguém e estar sempre presente para auxiliar não garante a reciprocidade desse amor.

Você pode estar pensando: "Nossa, mas que injusto!". Sim, à

primeira vista parece injusto, mas na realidade não é. O outro não é um banco onde você deposita seus esforços e espera um retorno garantido com juros e correção ao longo do tempo.

Talvez você questione: "Mas essa história de só fazer sem receber nada de volta não é legal, porque o peso fica somente para um e o outro não tem a obrigação nem de ser grato". Na verdade, em uma relação verdadeira e honesta, em que há amor genuíno, a reciprocidade ocorre naturalmente. O outro também sentirá a necessidade de retribuir de forma espontânea, sem a necessidade de cobranças.

À medida que vocês se conhecerem melhor, você entenderá as necessidades reais da outra pessoa e ela entenderá as suas. Essa reciprocidade se tornará parte da vivência cotidiana. Esperar que o outro demonstre afeto o tempo todo, ou sempre que você realiza algo, é uma clara demonstração de suas próprias carências. A necessidade de validação constante para cada gesto revela mais sobre suas próprias ausências do que sobre as do outro em muitos casos.

Portanto, é vital reconhecer que a busca por reciprocidade deve ser baseada em um entendimento mútuo e no crescimento conjunto, e não em uma contabilidade emocional que apenas aumenta a sensação de solidão e exclusão.

Outra coisa que não podemos deixar de lado é que ambos sofrem do medo de ficar sozinhos, mas será que perguntaram o motivo de se sentirem sozinhos? Precisamos nos perguntar por que nos sentimos sós. Será que somos pessoas agradáveis, ou estamos passando por momentos de mudança, como uma aposentadoria ou a perda de um emprego, ou porque mudei de cidade, ou talvez seja porque sou intolerante, arrogante, chato? Quais são os motivos reais que me levam a estar isolado socialmente?

Volto a repetir: o fato de querer estar sozinho não configura a solidão. É uma escolha querer ficar consigo mesmo, e isso é bom. Quando a Solidão passou por aqui há pouco ela disse isso, lembra? "Vou deixá-lo a sós consigo mesmo". Verdade, eu sou companhia para mim, por escolha, como estou agora. Em muitos momentos precisamos viver essa solidão deliberada para refletir sobre nossa vida, para ter momentos de qualidade, para não fazer nada e simplesmente gozar da própria companhia. E pense: se você não é uma boa companhia para você mesmo, se ficar com os seus pensamentos por alguns períodos lhe pesa, como será para os demais estar ao seu lado?

Aí, o que resta é uma pessoa que sempre se sente sozinho, mesmo estando acompanhado. E digo isso para que você vá em busca dos verdadeiros motivos que levam a sua solidão.

Pegue uma caneta e um papel e escreva uma lista dos motivos que deixam você nessa condição solitária. Faça esse exercício. Com ele você poderá traçar um caminho para dentro de si mesmo descobrindo o que o leva para esse lugar de medo, insegurança, sensação de abandono, no qual somente a presença e a validação de outra pessoa são capazes de lhe tirar dessa solidão que você sente.

E não estou negando que precisamos do outro para existirmos; a interação social é fundamental para nosso desenvolvimento e bem-estar. No entanto, é crucial compreender que não podemos depender do outro para nossa existência. Psicologicamente, essa distinção é vital.

Viver em sociedade e estabelecer conexões significativas nos proporciona apoio emocional, validação e uma sensação de pertencimento. Essas relações são importantes e enriquecedoras, mas não devem se tornar a base única da nossa identidade e autoestima. Quando dependemos excessivamente do outro para nos sentirmos completos ou validados, corremos o risco de perder nossa autonomia e nossa capacidade de autossuficiência emocional.

A dependência emocional pode levar a uma série de problemas, incluindo a perda da própria identidade, a baixa autoestima e uma incapacidade de lidar com a solidão. É importante cultivar uma relação saudável consigo mesmo, na qual sua felicidade e senso de valor não sejam inteiramente contingentes à aprovação ou presença de outras pessoas. O equilíbrio ideal consiste em ser capaz de apreciar e valorizar as relações interpessoais sem que elas se tornem o pilar fundamental da sua existência.

Nessa valorização das relações interpessoais, um caminho que certamente nos liberta é aprender a nos realizarmos quando ajudamos e somos úteis, fazendo desse movimento a porta que nos salva do nosso egoísmo e da nossa solidão, e que nos faz perceber que não somos o centro do universo.

Os protagonistas dos casos que vimos há pouco não perceberam justamente essa arma poderosa que têm nas mãos. Quando me importo com o outro, eu me religo a mim. Estar aberto a uma relação verdadeira nos faz nos oferecer ao outro sem expectativa de retribuição, mas num gesto de doação, de entrega ao outro encontrando a si mesmo.

Saia da inércia emocional e se liberte da tristeza e dos pensamentos negativos compartilhando suas experiências com o outro. Pergunte-se: "O que posso fazer com os recursos e habilidades que possuo hoje?". Essa reflexão será o ponto de partida para encontrar seu caminho.

Ao se abrir para o outro, você embarca em uma jornada de autodescoberta e crescimento pessoal. Lembre-se, entretanto, de que o verdadeiro crescimento está em doar-se ao próximo, não como um salvador ou reorganizador de momentos confusos, mas como alguém que oferece apoio e compreensão, permitindo que ambos cresçam juntos.

CONCLUSÃO

NÃO DEIXE A SOLIDÃO DOMINAR VOCÊ PELO MEDO

ENQUANTO ESTOU AQUI, NO ESCRITÓRIO DE MINHA casa, refletindo sobre tudo o que discutimos até agora, lembro-me da conversa que tive com a Solidão quando ela me apresentou sua irmã, a Solitude. Pensando nisso, pergunto a você, leitor, se já teve a oportunidade de conhecer essa senhora tão agradável. É hora de compreendermos o papel dessas irmãs gêmeas que parecem antagônicas, mas que caminham juntas, cada uma desempenhando um papel distinto em nossas vidas.

Não é difícil imaginar que a Solidão é temida, vista como a irmã má, enquanto a Solitude é a irmã boa. Penso nas personagens Ruth e Raquel da novela dos anos 1990, aquela na qual duas gêmeas fisicamente idênticas viviam em constante conflito por suas personalidades opostas. Ruth era bondosa, calma e generosa, enquanto Raquel era egoísta, agressiva e sempre competia com a irmã. De maneira semelhante, podemos associar Solidão e Solitude. No entanto, não podemos permitir que a temida Solidão nos paralise com medo. Aceitar sua presença é um passo essencial para desenvolvermos a autonomia de nossas escolhas e alcançarmos a independência emocional.

Aceitar a Solidão não significa ignorar as pessoas. Pelo contrário, é nos momentos de solidão que nos conectamos verdadeiramente com a Solitude. Ela nos ensina a apreciar nossa própria companhia, a valorizar nosso tempo e espaço interior. É um estado de ser onde encontramos paz e clareza, longe do ruído externo.

Entendo que pode parecer confuso. A ideia de que precisamos estar bem conosco para viver melhor, ao mesmo tempo que necessitamos dos outros para nos completar, pode parecer paradoxal. No entanto, essa aparente contradição é onde reside a beleza da experiência humana. A verdadeira independência emocional não é um afastamento das relações, mas sim a capacidade de estar com os outros sem perder a conexão consigo mesmo. É um equilíbrio delicado entre a solidão que nos assombra e a solitude que nos enriquece, permitindo-nos navegar pela vida com uma compreensão mais profunda de nós mesmos e de nossas relações.

Ao abraçar a Solidão, aprendemos a caminhar com a Solitude, descobrindo que, embora sejam gêmeas, uma não precisa ser inimiga da outra. Ao invés disso, juntas, elas nos ajudam a entender e apreciar a complexidade de nossa existência, conduzindo-nos a uma vida mais rica e plena.

Dizendo de outra forma, durante o percurso deste livro compreendemos que a solidão pode se manifestar de diferentes maneiras. Independentemente da sua cor de pele, classe social ou local de residência, a solidão é uma visitante universal, especialmente nos momentos em que estamos mais vulneráveis, seja pela perda de um ente querido, pela demissão, pelo fim de um relacionamento amoroso ou pela ruptura de uma amizade. A solidão chega sem ser convidada, aproveitando-se da nossa fragilidade.

Por medo de sua presença, fazemos de tudo para mantê-la a distância, e nessa ânsia acabamos nos envolvendo em relações afetivas ou amorosas complicadas. Lembro-me claramente de uma das visitas que recebi da Solidão, quando ela me disse: "Aproveite sua própria companhia". Essa frase ecoa com sabedoria e reforça o que acabei de dizer. Quando estamos bem conosco, a presença da Solidão deixa de ser assustadora, e então passamos a desfrutar da companhia da Solitude.

Reconheço que Solitude e Solidão, como gêmeas idênticas, podem nos confundir facilmente. No entanto, é crucial reconhecer que a companhia da Solitude é, na verdade, a celebração de nossa própria companhia. Quando aceitamos e apreciamos estar sozinhos, não estamos mais de mãos dadas com a Solidão, mas sim abraçados pela serenidade da Solitude. É um estado de paz interior em que a Solitude nos ensina a encontrar riqueza em nossa própria presença. Depois que entendemos essa distinção, deixamos de temer a presença da irmã indesejada e aprendemos a acolher a irmã que nos convida a uma conexão mais profunda e significativa conosco.

POR QUE TEMEMOS TANTO A SOLIDÃO?

Desde os traumas que trazemos da infância, passando pelas relações complexas que experienciamos ao longo da vida — na escola, no trabalho, nas relações amorosas —, todas essas vivências se acumulam, impondo-nos um profundo medo da solidão. Algumas pessoas são mais impactadas por esse medo do que outras, o que as leva a uma intensidade tão alta que pode resultar em um descontrole emocional significativo.

O medo da solidão é uma força poderosa que influencia nossas escolhas de maneira muitas vezes prejudicial. Ele pode nos levar a nos submeter a relacionamentos tóxicos e a tomar decisões desesperadas. A maneira como tratamos a nós mesmos e vivemos está intimamente ligada ao medo de ficar sozinho. Com o passar do tempo, esse medo tende a se intensificar, sobretudo na velhice, quando a solidão pode parecer ainda mais iminente e aterrorizante.

Viver sob a sombra desse medo tem um custo alto, especialmente na escolha de parceiros para relacionamentos. Escolher alguém para compartilhar a vida requer paciência, discernimento e um conhecimento profundo de nossos próprios valores. No entanto, quando somos dominados pelo medo da solidão, podemos negligenciar esse processo de reflexão. Passamos a priorizar o que os outros julgam ser melhor para nós, afastando-nos de pessoas que poderiam nos fazer felizes de verdade.

Mas o que exatamente nos leva a temer tanto a solidão? Em grande parte, esse medo está enraizado na nossa necessidade básica de conexão e pertencimento, necessidade que é amplamente discutida na psicologia humanista, sobretudo nas teorias de Abraham Maslow. A solidão pode ameaçar nossa sensação de segurança e autoestima, fazendo-nos sentir inadequados e desvalorizados.

Além disso, a teoria do apego, desenvolvida por John Bowlby, sugere que nossas primeiras relações com os cuidadores formam um modelo interno de como vemos a nós mesmos e aos outros. Se essas primeiras relações foram inseguras ou marcadas por abandono, podemos crescer com um medo exacerbado da solidão, acreditando que não somos dignos de amor ou que o amor sempre nos será negado.

Para lidar com esse medo, é crucial desenvolver uma independência emocional que nos permita valorizar nossa própria companhia. Isso envolve um processo de autoconhecimento profundo, no qual identificamos e honramos nossos valores essenciais. Quais são os princípios pelos quais você vive e dos quais não abriria mão? E quais valores uma pessoa precisa compartilhar para que você possa se relacionar com ela de forma saudável?

A superação do medo da solidão passa por reconhecer que a busca desesperada por companhia pode nos levar a escolhas prejudiciais. Devemos aprender a estar confortáveis em nossa própria pele, a encontrar satisfação e realização em nossa própria presença. Somente assim poderemos estabelecer relações genuínas e significativas, baseadas no respeito mútuo e na compatibilidade de valores, e não no medo de ficarmos sozinhos.

No fim das contas, quando nos libertarmos do medo da solidão, abrimos espaço para conexões verdadeiras e enriquecedoras. Passamos a viver de acordo com nossos próprios termos, construindo uma vida plena e autêntica, na qual a solidão não é vista como uma ameaça, mas como uma oportunidade de crescimento e autodescoberta por meio da solitude.

Pois bem, sem essa clareza, o medo de ficar sozinho coloca um véu sobre nossos olhos e não nos dá o tempo necessário para conhecer o outro profundamente, para observar e compreender suas características. Apenas uma convivência tranquila, sem pressa, observando as atitudes do outro em diferentes momentos, nos fornece as ferramentas necessárias para discernir se essa pessoa será um bom companheiro romântico ou mesmo um amigo digno.

Se esse medo não é diagnosticado e enfrentado, ele pode nos levar de uma relação ruim a outra, destruindo sonhos, perspectivas de futuro e minando nosso sistema de defesa emocional. A depressão resultante nos torna submissos a qualquer forma de tratamento, apenas para evitar a solidão. Em muitos casos, nossa fragilidade é explorada e abusada por quem deveria nos amar ou simplesmente nos oferecer cuidado e amparo.

É importante reconhecer que ninguém está imune a erros. Conhecer a si mesmo e não ser conduzido pelo medo não garante que nunca faremos escolhas ruins, mas certamente nos ajuda a fazer escolhas mais acertadas. Enfrentar o medo da solidão é parte essencial de encarar as etapas da vida e os desafios que ela nos impõe.

Como mencionei anteriormente, viver com a Solidão não significa acreditar que podemos viver completamente isolados. A solidão não é algo trivial; não é frescura. Precisamos de vínculos sociais para estar bem. No entanto, isso não significa que precisamos necessariamente de um parceiro romântico para nos sentirmos completos ou de amizades que nos vampirizem. Do que realmente necessitamos é de relações humanas significativas, sejam elas amorosas ou não.

A presença de relações sociais saudáveis e autênticas é crucial para o nosso bem-estar emocional. Cultivar amizades, manter laços familiares e participar de comunidades pode nos proporcionar o suporte e a conexão necessários para combater o medo da solidão. Assim, ao enfrentar e compreender esse medo, podemos viver de maneira mais plena e satisfatória, valorizando tanto nossa própria companhia quanto as conexões saudáveis que estabelecemos com os outros.

VIVER BEM EM SOLITUDE

Você já compreendeu que viver bem não exige a constante presença de outras pessoas. Se por um lado, para alcançar um estado de bem-estar é fundamental estar cercado por pessoas que agregam valor à sua vida e lhe fazem bem, isso definitivamente não implica se submeter a relações prejudiciais.

Certamente você conhece o dito popular "antes só do que mal acompanhado". Essa frase faz sentido se colocarmos na equação o entendimento de que a solitude nos oferece paz, alegria e autoconhecimento. Estar aparentemente sozinho pode trazer inúmeros benefícios, aproximando-nos de nossa essência. A Solidão pode insistir em nos visitar, mas, se lembrarmos que sua irmã Solitude está sempre pronta para nos acompanhar, poderemos encontrar calma e conforto em nossa própria presença.

Quando tomar consciência de seu momento de vida atual, de suas necessidades e até mesmo de seus medos, convide a Solitude para um diálogo. Expresse a ela seus desejos, sonhos e necessidades. Esse diálogo interno é fundamental para adquirir recursos emocionais que nos ajudam a enfrentar as adversidades.

Os recursos emocionais que derivam dessa introspecção incluem privacidade, tranquilidade, autoconhecimento, bem-estar e autocuidado, e esses elementos são consequências naturais de viver a plenitude de estar consigo mesmo. Quando conseguimos ordenar nossos pensamentos e manter uma organização interna de nossos sentimentos, alcançamos um estado de solitude que nos permite transcender a necessidade de socializar constantemente. Para a psicologia, viver em estado de solitude é a capacidade de se conectar consigo mesmo de maneira voluntária, encontrando prazer, felicidade e quietude nessa conexão.

Escolher momentos de solitude, como passar um tempo sozinho em casa, ler um livro, assistir a um filme ou fazer uma compra no supermercado, são exemplos de breves experiências que criam um ambiente seguro e prazeroso. Esses momentos são oportunidades para desfrutar de nossa própria companhia, cultivando a paz interior.

Você pode se perguntar: "E quem foi forçado a estar só? Meu relacionamento terminou, meus filhos se mudaram para outra cidade, cuidei dos meus pais até que faleceram...". A vida, de fato, nos impõe momentos de solidão, e é precisamente por saber que esses momentos são inevitáveis que precisamos nos preparar. Mesmo que você não tenha criado o hábito de estar consigo mesmo, ainda há tempo. Você é um ser único, dotado de criatividade, desejos e vontades próprias.

Preparar-se para a solidão envolve reconhecer e aceitar a própria companhia como algo valioso. Isso nos fortalece emocionalmente, permitindo que enfrentemos a vida com mais resiliência e serenidade. Ao cultivar uma relação saudável consigo mesmo, descobrimos que a solitude é uma fonte de riqueza interior e autossuficiência emocional.

Ainda assim, reconheço que, quando a vida nos isola de forma involuntária, isso pode ser penoso e provocar dores psíquicas, pois geralmente é um isolamento causado por situações negativas. E eu sei que, nesses momentos, outros recursos terapêuticos precisam entrar em ação para que a solitude aos poucos encontre espaço na sua vida.

DESENVOLVENDO A SOLITUDE

Para ajudar você a desenvolver a solitude, proponho o seguinte exercício:

1. **Suas atividades favoritas:** em um papel, escreva uma lista com dez coisas que você gosta de fazer.

2. **Classificação das atividades:** divida essas dez coisas em duas colunas:
   - Na primeira coluna, anote as atividades que você costuma fazer sozinho e a frequência com que as realiza.
   - Na segunda coluna, escreva as atividades que você não se imagina fazendo sozinho.

3. **Identificação dos desafios:** as atividades listadas na segunda coluna representam um desafio para você. Nos próximos dias e semanas, escolha uma dessas atividades para fazer sozinho.

4. **Execução e observação:**
   - Realize essa atividade sozinho, prestando atenção às suas emoções e pensamentos durante o processo.
   - Após completar a atividade, reflita sobre a experiência. Como você se sentiu? Foi mais fácil ou mais difícil do que esperava? O que aprendeu sobre si mesmo?

5. **Continuidade**: repita o processo com outras atividades da segunda coluna, aos poucos expandindo seu conforto com a solitude.

Por meio desse exercício, você começará a se abrir para momentos de solitude, aprendendo a apreciar sua própria companhia e desenvolvendo uma relação mais saudável e equilibrada consigo mesmo. Talvez até passe a aproveitar a sua companhia para desenvolver habilidades que foram deixadas para trás, como pintar, aprender um instrumento, aprimorar um idioma, cozinhar. Tudo isso nos reconecta e nos traz alegria, além de equilíbrio emocional.

Lembre-se, entretanto, de que ninguém acreditará que você está desfrutando da solitude plena se parecer abatido e melancólico. É óbvio que para estar pleno e em paz não é necessário carregar uma placa no pescoço dizendo "estou bem", mas andar cabisbaixo e responder com um desanimado "estou indo do jeito que dá" quando perguntado sobre seu estado de espírito certamente não convencerá ninguém — nem a você mesmo.

Então, forçar uma cara boa também ajuda a que, aos poucos, você vá se reconhecendo mais feliz, disposto, e suas relações sociais terão um ganho significativo. E isso é superimportante, porque, em um desses esbarrões que a vida casualmente faz acontecer entre pessoas, você pode conhecer alguém muito interessante e estabelecer uma amizade genuína. Essa pessoa, para além de um bom papo, poderá ter gostos próximos aos seus. Enfim, estampar vitalidade e positividade nas suas expressões diárias ajuda, sim, a romper o estado solitário que lhe oprime.

Se você acha que forçar parecer estar melhorar, quando no fundo não é assim que sua alma se sente, é só uma mentira inútil, deixe-me contar uma coisa. A expressão corporal não só reflete nossas emoções como pode influenciá-las. Estudos de Carney, Cuddy e Yap realizados em 2010 demonstram que nossas posturas e expressões faciais podem alterar o modo como nos sentimos. Por exemplo, uma postura expansiva e confiante pode aumentar os níveis de testosterona e reduzir os níveis de cortisol, hormônios relacionados ao estresse. Esse efeito bidirecional entre corpo e mente nos mostra que, quando cuidamos da nossa expressão corporal, estamos ativamente moldando nossas emoções e, por consequência, nossa realidade social e entrosamento com os outros.

Em resumo, a utilização consciente de práticas corporais positivas pode ser uma ferramenta poderosa para melhorar nosso estado emocional e nossas interações sociais. Cultivar a habilidade de estar em solitude, sem a necessidade constante da validação externa, nos conduz a uma vida mais plena e autêntica.

FUJA DA SOLIDÃO PARTILHANDO A EXISTÊNCIA

Pense nesta pergunta: como você administra os momentos em que está sozinho? Você se sente melancólico, triste, solitário, por que queria estar com alguém ou com pessoas que não se lembram da sua existência? Ou você se sente tranquilo, pois precisa desse tempo consigo mesmo para ver um filme, ler um bom livro, descansar, organizar sua rotina, sua casa, ou até quem sabe, sair para jantar com você mesmo... Não viver esses momentos de quietude, desfrutando de sua companhia, pode lhe trazer outras consequências de estado de irritação, intolerância e distanciamento do que existe de melhor em você.

Para ser uma pessoa agradável é preciso cultivar momentos em que você desfrute da sua companhia. Por isso, quando a Solidão me diz "aproveite sua companhia", está correta, pois na verdade não estou só; estamos eu e a Solitude.

Viver pequenos prazeres denota autocuidado, o que é extremamente necessário para a construção de uma autoestima sólida. Não precisar da presença do outro para validar meus momentos de felicidade não é egoísmo, é autoconhecimento. Ter o seu terreno interno cuidado faz você estabelecer vínculos saudáveis em que os limites estão determinados e você se respeita e consequentemente respeita os limites dos demais.

Ser capaz de fazer coisas sozinho demonstra que você vive em paz consigo mesmo. O que adianta viver as escolhas dos outros e ser infeliz? Como fazer boas escolhas se nem sabe o que quer?

Mas o que de fato nos impedirá de viver uma solidão imposta são os vínculos saudáveis que construímos no decorrer da vida. E não falo de amizades antigas que trazemos lá de nossa infância. Essas também, mas estou falando de amizades verdadeiras que se estabelecem ao longo da vida, de antes e de agora.

São as amizades verdadeiras que nos dão a segurança necessária para seguir em frente. Perceba como tudo está interligado: uma solitude bem vivida é a base para vínculos saudáveis e é o oposto de uma vida solitária.

Morar sozinho pode ser uma escolha consciente, influenciada pela sua história de vida e pelas suas necessidades. E não significa ser solitário. A verdadeira solidão não é estar fisicamente só, mas sim a falta de conexão com grupos e amigos. Optar por viver só, com autonomia, é uma escolha que pode ser empoderadora, desde que não seja sinônimo de se isolar das interações sociais.

A habilidade de desfrutar da própria companhia é um sinal de independência emocional, e essa independência permite que você cultive relacionamentos mais saudáveis e significativos. Quando nos sentimos confortáveis em nossa própria pele, ficamos mais abertos para estabelecer conexões genuínas, que enriqueçam nossas vidas e nos dão a segurança emocional de que tanto precisamos.

E dessas escolhas surge a troca nas relações, não nos casos de pessoas que querem tirar vantagens das fragilidades alheias, mas de uma entrega sincera, pois nossa vida se completa no outro. É no outro que eu me reconheço e com ele cresço.

Fazer parte de grupos, de uma tribo, é poder contribuir para que o outro também cresça e se encontre com ele mesmo. Perceba que uma vida solitária não se trata necessariamente de morar numa residência sozinho, mas de não poder contribuir com o outro. E nisso está a maior descoberta de plenitude que podemos alcançar.

Veja o exemplo de Irmã Dulce, conhecida como o Anjo Bom da Bahia, que enfrentou uma solidão social extrema. Em Salvador, onde viveu, ela se dedicou incansavelmente à causa dos pobres, sofrendo a mesma rejeição que eles. Mas nunca desanimou. Abraçando a solitude, ela não permitia que os insultos a afastassem de seu propósito maior: ajudar os outros.

Um dia, enquanto andava pela feira, Irmã Dulce pediu ajuda a um feirante. Ele cuspiu em sua mão e disse: "Tome, leve isso aos seus pobres". Ela, com serenidade, respondeu: "Este você deu a mim". E, estendendo a outra mão, continuou: "Agora dê algo aos meus pobres". Esse episódio revela a profundidade do autoconhecimento e da determinação dessa mulher. Nada do que os outros dissessem poderia abalar suas escolhas.

Imagino que inúmeras vezes ela se sentiu sozinha em uma luta aparentemente perdida, pois escolher defender os mais necessitados em nossa sociedade é frequentemente visto como uma batalha sem esperança. Ainda assim, essa percepção não diminuiu seu ânimo nem a desviou de sua missão. O exemplo de Irmã Dulce nos mostra que, por se conhecer profundamente, ela encontrou a força para persistir, mesmo diante das adversidades mais difíceis, sem se deixar sucumbir diante do abraço sufocante da solidão.

Em muitos momentos, somos confrontados com lutas que parecem estar perdidas e situações que fragilizam nossa alma. Às vezes você pode se sentir solitário e perdido de si mesmo, sem um motivo para seguir na jornada da vida. No entanto, existimos para nos entregar ao próximo, sem estabelecer moeda de troca.

É nesse ato de doação que encontramos nossa verdadeira essência e achamos o antídoto da solidão. Porque, no fim das contas, não há melhor companhia do que a generosidade.

Pense nisso!

REFERÊNCIAS

BLACK people more lonely than general population, says new study. *BBC*, Londres, 13 maio 2022. Disponível em: https://www.bbc.com/news/newsbeat-61439307. Acesso em: 23 jul. 2024.

CARNEY, Dana R.; CUDDY, Amy J.; YAP, Andy J. Power posing: Brief nonverbal displays affect neuroendocrine levels and risk tolerance. *Psychological Science*, Nova York, v. 21, n. 10, p. 1363-1368, 2010.

FRANCE PRESSE. O homem japonês que se 'casou' com um holograma. *G1*, Rio de Janeiro, 12 nov. 2018. Disponível em: https://g1.globo.com/economia/tecnologia/noticia/2018/11/12/o-homem-japones-que-casou-com-cantora-de-realidade-virtual.ghtml. Acesso em: 23 jul. 2024.

KOTWAL, Ashwin A. *et al*. Persistent loneliness due to COVID-19 over 18 months of the pandemic: A prospective cohort study. *Journal of the American Geriatric Society*, Nova York, v. 70, n. 12, p. 3469-3479, 2022.

LEE, Siu Long *et al*. The association between loneliness and depressive symptoms among adults aged 50 years and older: A 12-year population-based cohort study. *Lancet Psychiatry*, Oxford, v. 8, n. 1, p. 48-57, 2021.

SPRENG, R. Nathan; BZDOK, Danilo. Loneliness and neurocognitive aging. *Advances in Geriatric Medicine and Research*, Londres, v. 3, n. 2, e210009, 2021.

STIJOVIC, Ana *et al*. Homeostatic regulation of energetic arousal during acute social isolation: Evidence from the lab and the field. *Psychological Science*, Nova York, v. 34, n. 5, p. 537-551, 2023.

SUA OPINIÃO É MUITO IMPORTANTE

Mande um e-mail para **opiniao@vreditoras.com.br** com o título deste livro no campo "Assunto".

1ª edição, ago. 2024

FONTES Guess Sans Bold 120/144pt
Guess Sans Heavy 36/43,2pt
Brandon Grotesque Bold 11,4/16,3pt
Brandon Grotesque Black 12/16,3pt
Brandon Grotesque Regular 12,6/16,3pt
Abril Display SemiBold 11/16,3pt
Abril Display Regular 11/16,3pt
PAPEL Offset 90g/m²
IMPRESSÃO Gráfica Santa Marta
LOTE GSM240724